U0147675

文史趣錄

中

葉獻高 ◆ 編著

目錄
CONTENTS

（七）酒

酒是大自然的恩賜

　　追溯中國的酒文化，源遠流長。春秋時代編成的《詩經》就有很多關於飲酒的記載。人們常在祭祀、開張、接風洗塵、餞別、喬遷、賀喜與節慶日在宴會上擺酒席，舉行慶祝活動；傳統農曆節日的大年夜，人們請僧道看經，備酒果送神，歡飲年酒；三月清明節，以美酒佳餚祭神祭祖，祭天祭地；農曆五月初五的端午節，或稱「重五」，為了闢瘟氣，人們喝菖蒲葉浸制的藥酒；農曆九月九日，古以九為陽數，九月而又九日，故稱「重陽」，人們登高臨遠，喝菊花杯（酒），佩茱萸，食餌，吃重陽糕；古時人們常將長壽的人喻為壽星，每逢壽星華誕日均辦華筵慶賀，《明史‧壽述夫次韻》詩：「螺杯獻酒逢華誕，鶴髮同筵敘舊情。」嬰兒出生或結婚滿月喝彌月酒。總之，酒早與中國人民結下未解之緣，從而形成了飲酒文化。

　　中國釀酒的歷史可追溯到新石器時代，開始於約 8000 年以前。這是考古學分期中石器時代的最後一個階段。當時已出現農業和畜牧業，人們的生活資料有較可靠的來源，並開始定居生活。廣泛使用磨製石器，能製陶和紡織。中國各地不斷發現不同類型的新石器時代文

化,重要的有仰紹文化、馬家窯文化、大汶口文化、龍山文化等。新石器時代人們已開始馴化動物,當時只是自然的變化而並非急遽的社會變革。

▇ 儀狄始作酒變五味

相傳在禹(又稱「大禹」、「夏禹」、「戎禹」,夏代的建立者)年代,公元前 2070 年時儀狄就發明了釀酒。《戰國策·魏》二:「昔者帝女令儀狄作酒而美,進之禹,禹飲而甘之,遂疏儀狄,絕旨酒,曰:『後世必有以酒亡其國者。』」《名義考》謂「帝女」之「帝」即禹。《初學記》二六引《世本》:「儀狄始作酒醪,變五味。」

以上引文的意思是:夏禹的女兒曾無意中喝過儀狄所釀的酒,覺得口感極好,便邀請他入王宮釀美酒獻給夏禹。儀狄經過一番精細的研究,釀出極其美味的酒,獻給夏禹。夏禹命人品嘗之後乃嘗,且仔細地辨明滋味,感覺很美,且多喝了幾碗,大悅,飄飄有凌雲之氣,接著神志不清昏睡過去。結果因此耽誤了幾日的朝政。夏禹待頭腦清醒之後,後悔沉迷於美酒而誤了大事。且說:「後世必定有因為飲酒無度而誤國的君王。」自此不再親近儀狄,並且禁絕在宮中飲酒。

由上可見,夏禹能從酒中自我反省,自愛自重,反躬自問,遵循獨慎自律的道德行為,而不是從美酒中自得其樂。這就是「世人皆醉我獨醒」。

▇ 杜康發明釀酒,無心之作

有的人常借酒消愁，故有「一醉解千愁」之句。曹操《短歌行》：「何以解憂？唯有杜康。」杜康是人名，代酒，這是修辭學上的借代修辭法。杜康即少康，傳說中釀酒的發明者。《說文・巾部》：「古者少康初作箕箒、秫酒。少康，杜康也。」後即以杜康為酒的代稱。同樣，浙江的紹興縣是地名，但因紹興產名酒，人們更以紹興地名借代酒。

　　箕箒指家內灑掃之事，後因以箕箒為妾的代稱。箕箒妾為嫁女的謙辭。

　　秫酒，稷（高粱）之黏者謂秫，可以釀酒。陶淵明《賀郭主簿》詩：「春秫作美酒，酒熟吾自斟。」

　　杜康相傳為黃帝時宰人，善作酒，一說字仲寧，號「酒泉太守」。

　　相傳杜康生於白水縣的一個小鄉村。鄉村康家衛有杜康泉。據《白水縣志》記載：「俗傳杜康取此水造酒」，「鄉民謂此水至今尚有酒味」，云云。水清澄而通明見底，人們常「酌清溪之逸流」，這是極其上乘的釀酒水質。又據《白水縣志》記載，杜康之墓就在杜康泉旁的小土坡上，墓四周堆砌著壘牆。墓之左側建有一座杜康廟供人祭祀，可惜「文化大革命」時慘遭毀壞，今蕩然無存。歷來鄉民都在農曆正月二十一日攜帶著豐盛的肉食、瓜果、青菜、飯團、糕點與美酒等供祭禮品前來拜祭和賽享，又搭臺演戲及進行體育表演、雜耍等各種遊戲伎（技）藝表演，熱鬧非凡，直到夕陽傍照而結束。

據《酒誥》一書云：「酒之所興，肇自上皇，或云儀狄，一曰杜康。」「有飯不盡，委之空桑，鬱結成味，久蓄氣芳，本出於代，不由奇方。」杜康無意中將未吃完的剩飯或羹物放在桑樹的洞中，原意是為了處理掉庖廚餘物，結果殘羹剩飯在洞中發酵後，成了香氣濃厚的酒漿，自此之後便發明了酒。這就是「無心插柳柳成蔭」。

三 猿猴釀酒，天成之作

人們但知猿猴取月的故事，而猿猴造酒的奇事卻鮮為人知。

猿猴看見倒映水中的月亮，便下水撈月。《僧祇律》：「佛告諸比丘（和尚），過去世時，波羅奈城有五百獼猴，樹下有井，井中見月，共執樹枝，首尾相接，入井取月，枝折，一齊死。」比喻人處事方法愚笨，以致徒勞無功。

歷稽載籍，均言及儀狄與杜康為造酒始祖，但人們普遍認為杜康才是造酒鼻祖。這是為什麼呢？這與《文選》三國曹操（魏武帝）《短歌行》中的詩句「何以解憂？唯有杜康」有關，因其比羅貫中的《三國演義》中關於儀狄的故事更為家喻戶曉，所以儀狄的名字漸漸為人們所淡忘。但莫道君行早，更有早行人。甚至有的版本認為酒為黃帝所始造。眾說紛紜，莫衷一是。更有一種稀奇而饒有風趣的版本，說是猿猴先釀酒。

四川羅江人李調元，清乾隆二十八年（1763年）進士，歷官廣東提學使及直隸通水兵備道，卒於嘉慶七年（1802年）十二月間。

有《童山詩文集》、《雨村詩話》（調元號雨村）、《蠢翁詞》，又輯有《函海》、《蜀雅》、《粵風》等。在《粵風》中記載：瓊州多猿，樵人曾經於石岩深處得猿酒，是猿以稻米雜百花製造而成，味最辣，但是非常難得。

瓊州，府名，指今海南島。古代海南孤懸海外，為不毛之地。

辣，濃烈的辛味，指酒味濃。

清末民初徐珂編撰的筆記集《清稗類鈔》，採錄數百種清人筆記，並參考報章記載而編成，範圍廣泛。有 1917 年商務印書館排印本（分為四十八冊）、1984 年中華書局重排本（分為十三冊）。在《粵西偶記》中記載：「粵西平樂等府，山中多猿，善採百花釀酒。樵子入山，得其巢穴者，其酒多至石。飯之，香美異常，名曰猿酒。」

粵東指當時的廣東省；粵西指當時的廣西壯族自治區。

平樂在廣西東部、西江中流桂江中游，屬桂林市。

樵子，上山打柴的人。

石，即䄷，全稱「市石」。市制中計量液體和乾散顆粒容量的單位。1 石=10 斗=100 升。也是舊重量單位，一百二十市斤為一石。「石」形容酒多。

明人李日華在《蓬櫳夜話》裏寫道：「黃山多猿猴，春夏採雜花果於石窪中，醞釀成酒，香氣溢發，聞婁百步。野樵深入者或得偷飲之，不可多，多亦減酒痕，（猿猱）覺之，眾猱伺得人，必嚙死

之。」

窪，凹下積水處。

猱，猿類，身便捷，善攀緣。

伺，探察。

玃，戲弄，煩擾。

若上山打柴的人偷吃了猿猱的酒而被其發覺，眾多的猿猱必群起而攻之，最後偷酒之人必被煩擾致死。民間即有「猴子酒只能喝一次」之說，要是第二次再來，猴子必下毒藥，致人中毒而死。

獼猴群居山中，好喧嘩玩鬧，靈敏，冬季常結隊盜食農作物，性靈異，彈跳自若，不易抓捕。

《禮記‧曲禮》上云：「鸚鵡能言，不離飛鳥；猩猩能言，不離禽獸。」猴能釀酒，不離妖物。又有道：「魔高一尺，道高一丈。」人畢竟為萬物之靈，禽獸再狡猾也躲不過獵人的眼睛。猿猴天性嗜酒，因此獵人常針對這一弱性，在其出沒活動與群棲之地擺上幾個陶制的酒缸作為誘餌，引其上鉤。猿猴必聞香而趨之，且開懷暢飲，即酩酊。酩酊無所知，獵人即不費吹灰之力將其抓獲，裝入籠子裏，大奏凱歌。

儀狄、杜康造酒皆為無心之作，猿猴造酒亦為無心之作。即無成心，事出自然，初本無意，可謂「無心炙」。

無心炙即食品名。宋陶谷《饌羞》：「（唐）段成式弛獵，饑甚，叩村家，主人老姥出毾氀（豬肉羹或燻豬肉），五味不具。成式食之，有逾五鼎，曰：『老姥初不加意，而珍美如此。』常令庖人具此品，因呼『無心炙』。」

　　五鼎，古祭禮。大夫用五鼎盛羊、豕、膚、魚、臘。《孟子・梁惠王》下：「前以三鼎，而後以五鼎與？」後來用五鼎形容貴族官僚生活的奢侈。《史記・主父偃傳》：「且丈夫生不五鼎食，死即五鼎烹耳。吾日暮途遠，故倒行暴施之。」這句話的意思是：男子漢活著的時候如不能做大夫備五鼎烹羊、豬、魚等食物，死的時候就用五鼎來烹煮好了。我的路途還很遙遠，可是太陽已下山了，我等不及了，所以我要倒行逆施，橫暴地做下去，及時行樂。

酒文化

▢ 酒之功過

酒能驅寒活血，助興，提神，怡情。酒能助人成就偉業，自古及今，許多名人誌士均借酒力助威，推動事業走向鼎盛。關羽名酒名將，人人讚賞。李白斗酒千詩，成就酒仙詩仙。有詩無酒不精神，有酒無詩俗了人。陶淵明、孔融、徐邈、劉伶等，皆以豪飲著名，亦皆以文辭名重天下。

酒會亂性，亂性則有失，失則誤事。故飲酒過量，必為酒困而爛醉如泥。清清之水，為土所防，濟濟之士，為酒所傷。若要斷酒法，醒眼看醉人。

▢ 酒德

鑒於酒能亂性、誤事、惑人，古代的明君及有識之士均力主設酒正的官員掌管飲酒的有關政令，而後又制有酒德、酒誥。

酒德即強調飲酒要有德行。《書‧無逸》：「無若殷王受之迷亂，酗於酒德哉！」孔傳：「以酗酒為德。」意即以酗酒為事，本屬貶義。後多借指酒的屬性和作用。晉劉伶有《酒德頌》，他常嗜酒，作

《頌》嘲弄禮法。唐孟郊有《酒德詩》。黃庭堅有《謝答聞善二兄》詩：「四座歡欣觀酒德，一燈明暗又詩成。」謂飲酒足以助人成詩。

但是飲酒要有德行德操，不能荒淫無度，迷於佚樂，甚至荒廢政務。不能像商夏紂王那樣「顛覆厥德，荒湛於酒」，釀成身敗名裂、國破家亡的慘劇。

《尚書・周書》云：「康叔封於殷之故都，以殷民化紂嗜酒，周公以成王之命誥之，是為《酒誥》。」《酒誥》明確規定四條：

（1）「飲惟祀」，只有在祭祀天地與先祖時才能飲酒。

（2）「無酒」，不要經常飲酒。「文王誥教小子，有正有事，無彝酒。」《韓非子・說林》上：「彝酒者，常酒也。常酒者，天子失天下，匹夫失其身。」彝酒是經常飲酒，經常飲酒就浪費糧食（五穀），只有在患病時才可適當飲酒。

（3）「執群飲」，杜絕（嚴禁）聚眾飲酒。

（4）「禁沉湎」，禁止飲酒過度，沉溺於酒。《書・泰誓》上：「沉湎冒色，敢行暴虐。」《注》：「沉湎，嗜酒。」《史記・宋世家》：「紂沉湎於酒。」《書・微子》作「沉酗於酒」。

由上可見，《酒誥》並非一股腦兒反對飲酒，以酒敬天敬地，祭神敬祖，奉老禮賓，均為德操德行。

三 酒禮

早在遠古時代，人們飲酒還尊崇酒禮，講究禮節，修禮節時注意分寸，也注意禮儀。《詩‧小雅‧楚茨》:「獻交錯，禮儀卒度。」即敬酒還敬交錯得巧，禮儀既盡合乎制度。要是在重要的場合下不遵守酒禮，必然冒犯上輩或觸犯科律，有犯上作亂的嫌疑。

《詩經‧小雅》:「由醉之言，俾出童羖，三爵不識，矧敢多又！」大意是:依著他醉了拒勸的一派胡言，會強使你拿出沒角的山羊羖。飲過三爵（一升）的人就不清醒，矧敢多多地勸他再飲！

對於爛醉的人，要「匪言勿言，匪由勿語」。即不該說的不要向他說，不該做的不要向他戲語。因為其神志又不清醒，思維早已錯亂。由是觀之，制定飲酒的禮儀禮節勢在必行。

四 酒令

明朝進士袁宏道，官至史部郎。有《瓶花齋雜錄》、《破研齋集》、《袁中郎集》。鑒於酒徒們貪杯爛飲，不守禮儀禮節，飲酒缺德，便著手從古籍中搜精加搜括、查索繁富的資料，最終寫成《觴政》，也就是酒令。觴是古代盛酒器。政即政令，用以作飲酒的道德規範，規避缺酒德的行為。

古代各民族大多飲酒，但均有不同的禮儀禮節。這裏所說的是漢族的禮儀禮節。

古代飲酒禮儀禮節的次序分為四個動作:拜、祭、啐、卒爵。

（1）拜，表示恭敬的一種禮節。古之拜，唯拱手彎腰而已，即如今之揖。後來指屈膝頓首，而手著地或叩頭及地為拜。拜是行禮的通稱。飲酒前先作出拜的虔誠動作，表示敬意。

（2）祭，祀祖祀神，無牲而祭曰薦，薦而加牲曰祭。通言皆曰祭。飲酒前的第二個動作是，先從酒杯中倒出一點酒在地上，祭謝地神，感謝大地養育之恩、之德，表示對養育自己的一方水土一往情深。

（3）啐，嘗，飲。啐酒是祭畢飲福酒。謂飲主人之酒入口，成主人之禮。即飲酒前的第三個動作是，輕輕品嘗酒味，並加以讚揚酒味醇厚，贊主人高情遠致，讓主人愉快興奮。

（4）卒，終，盡；爵，酒器，盛行於商及西周，器物銘文稱尊彝、方彝、宗彝等。一升曰爵。飲酒的第四個動作是仰杯而盡，即乾杯。

應該補充一句，由於有的人滴酒不沾，有的人海量（大酒量），敬酒時應謙虛地說：「我乾杯你隨意。」尤其是晚輩對長輩更應如是說，更不能認真地檢查長輩的杯底有無滯酒。這樣很失禮，為強人所難。

在筵席上，主人向賓客敬酒叫「酬」，即主答客，勸酒。賓客以酒回敬主人曰「酢」。主人進酒於客曰「獻」，客答之曰「酢」，主復答敬曰「酬」。互相敬酒為「酬酢」。敬酒時還要說一些敬酒辭，互相祝福。賓客之間相互敬酒叫「旅酬」。旅不是旅行，而是按次序。

以次序勸卿大夫飲酒曰旅。古祭祀畢而宴，舉杯酬賓，賓交錯互答，謂之旅酬。巡行酌酒勸飲叫「行酒」。一般場合敬酒以三杯為度，適可而止，又謂斟三巡酒，即斟三次酒。

主賓相互飲酒時先彼此互拜（跪拜）。晚輩在長輩面前飲酒，謂之「侍酒」。侍是陪從尊長身邊，須先行跪拜禮，接著坐在次席，長輩命晚輩飲酒，晚輩才可舉杯。長輩先動筷進菜，晚輩才動筷，切忌魯莽先下手。長輩杯中酒尚未飲完，晚輩也不能先飲完。要循規蹈矩，遵守常規，顧及體統。敬酒時，敬酒者與被敬酒者都要避席，起立。古時席地而坐，避席即離開座位，面色愉悅，切忌愀愴憂傷，超若自失。

五 酒令大如軍令

酒令是飲酒時助興的一種遊戲。推一人為令官，飲者聽其號令，違則罰喝酒或輸者亦受罰飲酒。有的輪流題詩作對或做類似的遊戲，使筵席場面熱烈，氣氛活躍。

軍令是軍隊的法令。軍令如山，軍人的天職就是嚴守軍令，執令如山，不能有絲毫的猶豫，不能討價還價。凡軍令一下，務必拼命向前。酒令如山，令行禁止，與軍令同。

《紅樓夢》寫酒令的場合不少，如第四十回：「（鴛鴦）吃了一種酒，笑道：『酒令大如軍令，不論尊卑，唯我是主，違了我的話，則要受罰的。』」

酒令最先脫胎於酒官制度，自唐以後盛行於士大夫間。《梁書‧王規傳》：「湘東王時為京尹，與朝士宴集，屬規為酒令。規從容對曰：『自江左以來，未有此舉。』」行令飲酒，亦曰酒令。有令即行，有禁即止，雷厲風行，所以說酒令大如軍令。後漢賈逵撰《酒令》，已不傳。清俞敦培有《酒令叢鈔》四卷。

　　酒令從王侯公卿、達官貴人、騷人墨客、貴族王子、王後王妃、王室後宮逐漸流傳到升斗小民，年深日久便形成了一種酒令文化。故有介紹酒令的書陸續出現，如《醉鄉律令》。醉鄉指酒中境界。《新唐書‧王績傳》：「著《醉鄉記》以次劉伶《酒德頌》。」律令即法令，有《小酒令》，小酒即薄酒，宋時稱春秋兩季隨釀隨售的酒。還有《酒令叢鈔》等書。

　　《詩經‧小雅》：「凡此飲酒，或醉或否。既立之監，或佐之史。」意即：凡是這些飲酒的人，有的是醉，有的不是，既要設立掌令的酒監，或者幫設記事的酒史。酒監即酒官監視。史是殷、商時的官名，也是記載歷史的書籍。史設有左史和右史。《禮‧王藻》：「動則左史書之，言則右史書之。」監、史所司是監督飲酒上的秩序，規範飲酒人的言行，防止貪杯濫飲而違反酒法。唐詩中酒令屢見不鮮，白居易《同李十一醉憶元九》：「花時同醉破春愁，醉折花枝當酒籌。」酒籌是飲酒記數之具。

　　歷稽載籍，酒令的種類繁多，計有四書令、拆字令、牙牌令、詩令、雅令、花枝令、謎語令、典故令、急口令、手勢令、無言令、骰子令等。

（1）四書令：《論語》、《大學》、《中庸》、《孟子》。南宋理學家朱熹的《四書章句集注》，是學習的入門書。元皇慶二年（1313年）定考試課目，必須在四書內出題，發揮題意規定以朱熹的《集注》為根據。一直到明、清相沿不改。

（2）拆字令：拆字本是舊時一種占卜之法。術士令求占者任舉一字，加以分合增減，隨機附會，解釋凶吉。也稱測字、相字、破字。《春秋》以人十四心為「德」，《後漢書》以貨泉為「白水真人」，《宋書》以黃頭小人為「恭」，皆為拆字性質。自宋代以來盛行，用之附會人事。

宋劉一止的《茹溪集》中有《山中作拆字語寄江子我郎中》詩：「日月明朝昏，山風嵐自起，石皮破仍堅，古木枯不死，可人何當來。意若重千里，永言詠黃鶴，志士心未已。」詩中拆字為句，後人稱為拆字詩。詩中日月是明字，山風是嵐字，石皮是破字，古木是枯字，可人是何字，千里是重字，永言是詠字，士心是志字。

（3）牙牌令：牙牌即骨牌，一種賭具。以象牙及骨角竹木做成長方形，一面刻點數，自一至六，上下重之，共三十二張。《正字通》「牌」：「牙牌。今戲具，俗傳宋宣二年，臣某疏請設牙牌三十二扇，詩點一百二十有七，以按星宿布列之。……高宗時詔如式頒行天下，今謂之骨牌，然皆博塞格五之類，非必自宣和始也。」骨牌又稱宣和牌。因用骨製，故名。也有用象牙製成的，稱為「牙牌」。每張兩數，三張合成一牌，正如骰子六面，故或源於骰子。博法變化多端，也有用於遊戲和占卜的。

（4）謎語令：謎語古稱廋辭、隱語，一種遊戲。以某一事物或某一詩句、成語、俗語或文字為謎底，用隱喻、形似、暗示或描寫其特徵的方法作出謎面，供人猜射。《文心雕龍·諧》：「自魏代以來，頗非徘憂，而君子嘲隱，化為謎語。」謎語源於民間口頭文學，後也成為文人遊戲。今多稱猜射事物者為事物謎，以文義作謎底者為文義謎。前者多為民間謎語，後者專指燈謎。

（5）典故令：詩文中引用的古代故事和有來歷出處的詞語。

（6）急口令：又稱繞口令、繞口令、吃口令。將雙聲（聲母、韻母）或聲調極易混同的字，組成反覆、重疊、繞口、拗口的句子，要求一口氣急速念出，如「十四四十四十四，十四是十四不是四十，四十是四十不是十四」。

（7）手勢令：以手做各種姿勢來表達意思，即打手勢，以手作各種姿勢為酒令。《資治通鑒》：「王章置酒會諸朝貴，酒酣，為手勢令。」《注》：「會飲而行酒令以佐歡，唐末之俗也。《類說》曰：『亞其虎膺』，謂手掌。『曲其松根』，謂指節。『以蹲鴟間虎膺之下』，蹲鴟，大指也。『以鉤戟差玉柱之旁』，鉤戟，頭指；玉柱，中指也。『潛蚪闊玉柱三分』，潛蚪，無名指也。『奇兵闊潛蚪一寸』，奇兵，小指也。『死其三洛』，謂彈其腕也。『生其五峰』，五峰通呼五指也。謂之抬手令。蓋亦手勢令之類也乎哉！」

（8）骰子令：骰子亦稱「色子」，博具，用骨、木、塑膠等製成正方立體，六面分刻一至六點，由參與者所擲得的點數決定勝負，由五木演變而成。宋程大昌《演繁露》：「骰子之制，固知祖襲五木然。」

本作「投子」，唐時改用骨製作，故作「骰子」。亦可用於一般遊戲。骰子令謂以擲骰勸歡。唐皇甫松《醉鄉日月·骰子令》：「大凡先筵皆先用骰子，蓋欲微酣然後迤邐（曲折連綿）入令。」

酒令的內容涉及的範圍極廣，上至日、月、星、辰，及風、雲、雨、露、霜、雪等，下至山、川、土、地，凡馬、牛、羊、雞、犬、豕、鳥、獸、蟲、魚等動物，花、草、樹、木等植物，還有對大自然的各種景物及社會現象的描述，詩、詞、曲、賦等無所不包，內容豐富，知識廣泛，是極其多姿多彩的飲酒藝術。飲酒行令者必須反應敏捷，務必具有一定的知識功底。能舉一反三，觸類旁通，才能對答得體，對答如流。

再說酒的代稱，除了「杜康」之外，尚有「綠蟻」、「酋」等。

綠蟻是酒上浮起的綠色泡沫。也作酒的代稱。唐白居易《雪夜對酒招客》詩：「帳小青毯暖，杯香綠蟻新。」

酋是陳酒。《周禮·天官·酒正》「昔酒」漢鄭玄《注》：「昔酒，今之酋，久白酒。」亦以稱掌酒之官；酋又指豪帥，部族之長。

酒詩賞析

有詩無酒不精神，有酒無詩俗了人。這裏賞析二首酒詩。

短歌行[1]

曹操

對酒當歌[2]，人生幾何[3]？

譬如朝露，去日苦多。

慨當以慷[4]，憂思難忘。

何以解憂，唯有杜康[5]。

青青子衿，悠悠我心[6]。

但為[7]君故[8]，沉吟至今。

呦呦鹿鳴，食野之蘋[9]。

我有嘉賓，鼓瑟吹笙[10]。

明明如月，何時可掇。

憂從中來，不可斷絕。

1　短歌行：樂府相和歌辭《平調曲》名。晉崔豹《古今注》中《音樂》：「長歌、短歌，言人壽命長短分定，不可妄求也。」《樂府》又有《長歌行》。長歌、短歌，言其歌之長短。

2　「對酒當歌」句：「當」，應當，即邊喝酒邊唱歌。

3　「人生幾何」句：「幾何」，此為少；即人生有限杯，幾個登高節？

4　慨當以慷：即當慨而慷。這是倒裝手法。

5　杜康：借代酒。

6　「青青子衿」句：「青衿」是周朝讀書人的服裝，前句「青青子衿」借代人才；後句「悠悠我心」表示對人才的殷切期待。

7　但為：即只為。

8　君故：作者所仰慕的賢才。

9　「呦呦」句：模擬鹿兒在叫，吃著野地裡的艾蒿。

10　「我有嘉賓」句：言我之敬賓而後賓之善我。《鹿鳴》本是迎宴賓客詩，此為禮遇賢才之意。

越陌度阡，枉用相存。

契闊談宴，心念舊恩。

月明星稀，鳥（烏）鵲南飛。

繞樹三匝，何枝可依？

山不厭高，海不厭深。

周公吐哺，天下歸心。

「明明如月」句：比喻人才得之不易。

「憂從中來」句：說明未見賢才，憂思難安。

「越陌度阡」句：表賓客遠道來訪。

「契闊」句：即聚散。「契」是相聚。「闊」是離別。敘述摯友久別重逢，談心宴飲敘舊。

「繞樹三匝」句：借鳥鵲擇枝而棲，比喻人才擇主而從。

「山不厭高」句：比喻人才多多益善。亦比喻心胸寬大，能容納萬物。這兩句語出《管子》：「管子曰：『海不辭水，故能成其大；山不辭土，故能成其高；主不厭人，故能成其眾。』」

「周公吐哺」句：即周公吐出口中的食物。相傳周公熱心招待來客，甚至一沐三握髮，一飯三吐哺，停下來招呼客人（見《史記·魯世家》）。後指殷勤待士之心情。

「歸心」：從心裏歸附。表示要像周公那樣求賢若渴，才能獲得賢人的擁戴。

【賞析】

　　這是一首公（官家的宴會）的歌詞。開頭寫出借酒澆愁的悲慨，但並不悲愴。此句歷來最為人們擊節讚賞。接著表示必須奮激，慨然有澄清天下之志。那麼這種危墮之憂思到底是什麼呢？全文就根據「憂思」展開，深入地表達了作者求賢若渴的心志，期待賢人幫助自己建功立業、一匡天下的心願。抱負奇偉，感情深沉百丈而見海底，這是曹操的名山之作。清代讀書精博，熟於政典掌故的魏源擊節讚賞道：「曹公蒼莽，對酒當歌，有風雲之氣。」（《詩比興箋‧序》）

　　將進酒[11]

李白

君不見黃河[12]之水天上來，奔流到海不復回！

君不見高堂[13]明鏡[14]悲白髮，朝如青絲[15]暮成雪！

人生得意須盡歡，莫使金樽[16]空對月[17]。

天生我材必有用，千金散盡還復來[18]。

烹羊宰牛且為樂，會須一飲三百杯。

11　將進酒：將進酒是漢樂府鐃歌名，內容大多寫遊樂飲宴之事，李白此詩最為有名。鐃歌是軍樂，又名騎吹，行軍時馬上奏之，通謂之鼓吹。漢制，大駕出行，所列鼓吹為《短簫鐃歌》之樂，亦即此歌。內容多寫飲酒放歌。本篇當是天寶三年（744 年）李白在長安不得志，在隨意遨遊中與友人岑徵君、元丹丘相會時之作。

12　黃河：黃河是我國第二大河，古稱「河」。後世以河水多泥沙而色黃，故稱黃河。源出青海巴顏喀拉山北麓，因其地勢極高，故說「水從天上來」。

13　高堂：即高大的廳堂。此謂父母或老人家。

14　明鏡：即明亮的銅鏡。

15　青：黑色。青絲喻黑髮。

16　金樽：珍貴的酒器。

17　空對月：在月光下任金樽空著而不思酒，空辜負了錦堂風月。

18　「千金」句：意為豪放有風概，慷慨好義，不以錢財置懷。李白《上安州裴長史書》：「曩昔東遊維揚，不逾一年，散金三十余萬，有落魄公子，悉皆濟之，此則是白之輕財好施也。」

岑夫子，丹丘生[19]，將進酒，杯莫停。

與君歌一曲，請君為我傾耳聽。

鐘鼓饌玉[20]不足貴，但願長醉不復醒。

古來聖賢皆寂寞，唯有飲者留其名。

陳王[21]昔時宴平樂[22]，斗酒十千[23]恣歡謔[24]。

主人何為言少錢，徑須沽取[25]對君酌。

五花馬[26]，千金裘[27]，呼兒將出換美酒[28]，

與爾[29]同銷萬古愁[30]。

【譯文】

你可知道，黃河之水從天上流下來，

奔流到大海，一去不復回。

你可知道，高堂的明鏡裏看著自己的頭髮，

早上還黑如青絲，晚上就變成白雪，

---

19 岑夫子：指岑勛，南陽人；元丹丘，自號丹丘子。慕神仙術，李白與之交友，為作詩歌稱頌之。他們曾召李白相會。李白亦有詩紀實。

20 鐘鼓饌玉：指富貴生活。意即鐘鳴鼎食。古代富貴之家，列鼎而食，食時擊鐘奏樂。饌玉：即珍奇如玉的美食。

21 陳王：即曹植，曹操之子，曾封陳王，諡思，世稱「陳思王」，文才富豔，善詩工文。其《名都賦》云：「歸來宴平樂，美酒斗十千。」

22 平樂：即平樂觀，漢代宮觀名。漢高祖時始建，武帝增修。在上林苑中未央宮北，周圍十五裡。東漢都洛陽，明帝永平五年（62 年）于長安迎取飛廉銅馬，置於西門外，築平樂觀，也作為閱兵之地。在今河南洛陽市故洛陽城西。

23 鬥酒十千：即一鬥酒值十千錢（概數），極言美酒。

24 恣歡謔：盡情地歡樂開玩笑。

25 徑須沽取：應該毫不猶豫地買酒來。

26 五花馬：唐人把馬鬃剪成三簇的叫三花，五簇的叫五花。另一說五花指馬的毛色斑駁。

27 千金裘：珍貴的皮裘。《史記·孟嘗君列傳》：「此時孟嘗君有一狐白裘，值千金，天下無雙。」

28 換美酒，李白《金陵江上遇蓬池隱者》自注：「時于落星石上，以紫綺裘換酒為飲。」紫綺裘可能是在長安任翰林供奉時所穿的宮廷舊衣，由是可見其豪氣勃發之個性與生活的窘迫困厄。

29 爾：你。也作「尒」。人稱代詞。指岑、丹等席上者。

30 萬古愁：萬古指千年萬代，極言長久。此指無窮無盡的憂愁。有道「人生不滿百，常懷千歲憂」，又有道「人無遠慮，必有近憂」。正是「問君能有幾多愁？恰似一江春水向東流。」

怎能不令人悲從中來。
人生得意的時候就應當縱情歡樂，
不要讓酒杯空空枉然地對著明月。
天生成我這棟樑之材總會有用，
千金散盡了還會再來。
讓我們烹羊宰牛，共用歡宴。
應當痛痛快快地喝上它三百杯，
岑夫子，丹丘生，
喝酒吧，莫停杯，
我且為你們高歌一曲，
請你們細心傾聽。
鐘鳴鼎食的富貴並沒有什麼稀奇，
但願長久狂醉了不必清醒。
從來的聖人和賢人都已寂然無聞，
只有善飲的人留下了美名。
以前陳王設宴在安樂觀，
一斗美酒值萬錢，
開懷暢飲多麼盡興。
主人為什麼說錢少，
儘管去買來美酒我們對飲。
名貴的五花馬、狐皮袍，
叫我的侍兒拿去換美酒，
與你共飲，消解萬世的憂愁。

【賞析】

　　李白任長安三載，失意之後便以縱酒狂歡藉以釋放內心的鬱鬱寡歡。詩中儘管體現了浮生若夢必須及時尋歡作樂的頹廢情緒，但並不停留於這一思想境界上。李白從叔李陽冰為當塗令時，白往依上，曾為李白序詩集，官終將作少監，工篆書。在《草堂集序》中雲，李白在長安因「醜正同列，害能成謗，格言不入，帝用疏之。公（李白）乃浪跡縱酒，以自昏矇。」李白沉湎於酒，臥入醉鄉，並非一味地灰心喪志失望而一蹶不振，而是以此作為對黑暗現實的反抗，亦從中作為獲取寬解安慰和借酒解悶的手段。糞土聖賢、天子、諸侯、王臣，傲岩自負不隨和於世俗、不向惡勢力低頭的氣節，與狂飲放達的情緒互相交織，匯成如「黃河之水天上來之氣勢，一瀉萬里」之詩篇，充分體現出李白「濁酒杯豪氣發，揮毫落紙如雲煙」的拋灑風格。同時高唱「天生我材必有用」，體現他豪情壯氣，強烈自信自尊的可貴精神。

八　茶與咖啡

茶史・茶德

　　許慎的《說文解字》沒有茶字，只有荼字：「荼，苦荼也。從艸
餘聲。同都切，臣鉉等曰此即今之茶字。」可見「荼」字除了它的本
義之外，又是「茶」的古體字。

　　唐朝劉貞亮對茶的功利概括總結出十種恩惠，稱為茶的「十
德」：

　　以茶散郁氣，以茶驅睡氣，以茶養生氣，以茶驅病氣，以茶樹禮
仁，以茶表敬意，以茶嘗滋味，以茶養身體，以茶可行道，以茶可雅
志。

　　郁就是憂鬱，積鬱而疾；睡，坐寐，即打瞌睡，意為喝茶可提
神；生是天賦，資質，生命力，活力，生生不息，浩然之氣；病，疾
病，生病，輕者為疾，重者為病，病兆，病為徵兆，病的氣色；禮，
道之以德，齊之以禮，仁是仁愛，「仁、義、禮、智」四種德行；道
是正道，正途；雅志是正確、高尚的志向。

以上是概括茶的美德。

除此之外，日本名僧明惠上人也曾總結出茶有「十德」：

諸天加護；父母孝養；惡魔降伏；
睡眠自除；五臟調和；無病息災；
朋友合和；正心修養；煩惱消滅；
臨終不亂。

中國人飲茶的歷史年深日久，源遠流長。

唐竟陵人陸羽，隱苕溪，閉門著書，嗜茶，精於茶道，舊時稱為茶神、茶聖、茶仙，著《茶經》。他在《茶經》中道：「茶之為飲，發乎神農氏，聞於魯周公。」早在神農氏時期，茶的醫藥功效就被人們所發現。

傳說神農氏是農業和醫藥的發明者，相傳遠古人民過著採集漁獵生活，他用木製作耒耜，這是上古時的翻土農具。耜以啟土地，耒為其柄。他用以教民農業生產，反映了中國原始時代由採集漁獵進步到農業的情況。又傳他曾嘗百草，發現藥材，教人治病，《神農本草經》是依託他的著作。一說神農氏即炎帝。到了魯周公時，茶的名聲已經著聞了。到了周武王都鎬京（今陝西西安），至幽王，史稱西周，在此期間茶已當做祭品（當時稱為「祭祀」）使用，用於祀祖祀神。天子祭天，諸侯祭土。

新鮮茶葉主要被人們當做菜食。戰國時代，茶葉作為治病的藥物。秦漢時代，茶葉普遍成了社會飲食的一環，而且身份極其高貴，

成為待客以禮的珍貴食物。秦漢時人託名神農所作的《神農食經》已載有：「茶茗人服，令人有力，悅志。」悅志是愉快心志，使心誌喜悅。西漢時期，茶已經具有使用價值與交換價值，是主要的商品。

東漢末，安世高、支讖首譯漢文本佛經行世，佛教教義開始與中國傳統倫理和宗教觀念相結合，經三國、兩晉到南北朝四五百年間，佛教寺院廣為建造，佛經的翻譯與研究日漸發達，到隋、唐達到鼎盛。佛家為了消除坐禪時打瞌睡這一通病，便以飲茶作為提神良方，因此普遍在寺院廟旁見縫插針，或在山谷間種茶，時人稱「茶禪一味」。 禪是佛教名詞，梵語音譯「禪那」的略稱，意譯「思維修」、「棄惡」，常譯作「靜慮」，謂心志一境、正審思慮。

由上可見，茶正在被佛教徒派上用場。

到了南北朝時期，南天竺人菩提達磨（摩），從南朝梁大通元年（527 年）抵南海，入魏上嵩山少林寺。終日壁觀，並誓言面壁九年，即九年停止睡眠連續禪定，坐禪時住心於一境，冥想妙理。禪定與布施、智慧、持戒、忍辱、精進合稱六度，為成佛的基本功夫。據說，頭三年達摩如願成功，但後來身體漸漸不支，最終倒下，熟睡一場，醒後羞愧不已，且不能言，於是動手撕下眼皮（他認為打瞌睡是眼皮有罪），擲之於地。不久，擲眼皮處長出小樹，枝葉茂盛紛披，生機勃勃。

時間過得真快，當達摩禪定到最後一年時，又遭睡魔纏身。他順手採食身旁的樹葉。不食不知道，食後嚇一跳，他頓時腦清耳聰目明，心生萬法，心曠神怡，榮辱皆忘，順利地實現面壁九年不思其反

的諾言。達摩所採食的樹葉即後人所說的茶。因此，後人以此為茶起源的另一版本。

再談談三個「六朝」：①吳、東晉、宋、齊、梁、陳，相繼建都於建康（今南京）。《宋史・張守傳》：「建康自六朝為帝王都。」②魏、晉、後魏、北齊、北周、隋也稱為六朝，因建都於北方，稱北朝六朝。③後來三國至隋南北兩方，也泛稱為六朝，如六朝建築、六朝書法、六朝文學，都兼指南北六朝而言。

菩提是梵語，意譯正覺，即明辨善惡、覺悟真理之意。

歷史的車輪進入了唐代，飲茶的習俗便普遍傳播並推廣到民間，由藥用逐漸成為日常生活飲料。雅俗共賞而又多姿多彩的飲茶習俗與品茗技藝亦蔚然成風。

茶味熏香，氣味侵襲，滿屋飄香，豈遜於焚香！

茶從單純的藥用茶、祭茶、菜茶到推廣進入百姓家的飲料，演進成為承載知識和物質的載體，與文化載體、語言文字載體一樣，形成了一種獨具特色的茶文化。

茶是人們日常生活中的必需品。宋吳自牧《夢粱錄》十六《鯗鋪》：「蓋人家每日不可缺者，柴、米、油、鹽、醬、醋、茶。」鯗，乾魚。《元曲選》武漢臣《玉壺春》：「早晨起來七件事，柴、米、油、鹽、醬、醋、茶。」現在，茶已成為我國和東方乃至全世界的一個獨具特色的燦爛文化。在整個歷史的發展中，人們一旦在衣、食、住、行方面得到了滿足，就更加注重保健生活與提高文化生活品質的需

求。茶這一天然的保健飲料備受人們的青睞。

清朝之後，飲茶之風迅速波及歐洲。茶葉初傳入歐洲時，價格昂貴，再加上商賈多加考慮，恐怕傾家蕩產，裹足不前，茶葉更是天價。英國人和法國人都將茶視為追求享樂的奢侈品或向宮廷奉獻的貢品。後來，隨著進口量的逐漸增加，茶葉的價格亦隨之下降，購買的人亦隨之增多，此時茶葉才逐漸成為「王謝堂前燕」，飛入尋常百姓家。

茶之於中國人，無異於咖啡之於法國人，它不僅僅是一杯飲料，更是一種悠久深厚的文化。今天，法國人已經成為世界上最大的茶客群之一。隨著茶葉在世界需要量的增加，茶葉的生產量也迅速增加，產地亦遍及全國乃至世界五大洲各個國家和地區。今茶葉、咖啡、可哥已成為世界三大飲料。

可哥是梧桐科植物。常綠喬木，葉長橢圓形，頂端驟尖；花萼紅色，花瓣黃色，簇生於樹乾和主枝上；果長卵圓形，紅、黃或褐色，果殼厚而硬；種子扁而平。種子繁殖。種子焙炒、粉碎後即成可哥粉，為巧克力原料，並可作飲料，或供藥用，有強心、利尿功效。原產美洲熱帶，中國廣東、海南、臺灣等地也有栽培。

巧克力又名「朱古力」，英語 chocolate 的音譯，是以可哥豆為主要原料製成的一種高熱值、高脂肪糖果製品，有馥鬱的可哥香味。根據配料及加工方法的不同，有奶油巧克力、果仁巧克力等品種。由純可哥脂（白色）所制得者為白巧克力，由可哥豆經壓榨除去部分脂肪後的棕褐色醬料製成者為黑巧克力。

一杯茶約含 4 卡路里熱量，這是溫度差所引起傳遞的能量，含 B 族維生素，包括 B2 和煙酸；還含有咖啡因，又稱咖啡鹼，它也是中樞興奮劑，常用製劑為安鈉咖，能興奮大腦，提高其功能，它也是茶和咖啡等興奮性的飲料成分。較大劑量對迴圈和呼吸中樞亦有興奮作用，可用作蘇醒藥。

茶味由揮發油產生，其收斂性和顏色是由於含單寧所致，單寧是五倍子的主要成分，也是油鞣劑、收斂藥及墨水的原料。茶葉的收斂性和味道隨浸泡時間的加長而增加，雖然有的品種呈現顏色快，但最好浸泡 35 分鐘，以使茶葉充分溶解，並含適量單寧。茶含有大量對人體起著保健與防病作用的成分。因此，飲茶能洗胃、淨心、凝神，有助於陶冶性情，祛除雜慮，修身養性，悟道，與佛、道、儒各家的「內省修行」相吻合。

內省，自內省察。《論語‧顏淵》：「內省不疚，夫何憂何懼！」

修行即修身實踐。《莊子‧大宗師》：「修行無有，而外其形骸。」

一個善於飲茶的人，必然善於悟道。陸羽《茶經》云：必是「精行儉德之人」。飲茶之人能使自身廉潔，不受腐蝕，潔身自愛，操守清白，廉而不受，潔而不污。古代曾有齊世祖、陸納等人提倡以茶代酒。陸納為東晉吳郡吳人，官至尚書令，廉潔有操守，朝士皆服其忠亮。

盧仝是唐濟源人，曾經作《月蝕詩》以刺時政，為韓愈所稱。好飲茶，為《茶歌》，句多奇警。「一碗喉吻潤，二碗破孤悶。三碗搜

枯腸，唯有文字五千卷。四碗發輕汗，平生不平事，盡向毛孔散。五碗肌骨清。六碗通心靈。七碗吃不得也，唯覺兩腋習習清風生。」

茶話‧茶道

　　有道「半夜客來茶當酒」，可見茶的身價並不亞於酒。客來奉茶與客來奉觴（舉杯）均為最佳禮儀。早在三千多年前的周王朝，茶已經被奉為祭品、禮品與貢品。茶本是輕於鴻毛微不足道的東西，但卻具有重於泰山的深厚情感與恩義，首登大雅之堂而笑傲同儕，這是什麼原因呢？

　　玉有十德，即仁、知、義、禮、樂、忠、信、天、地、德，儒家將其比喻為君子之美德；茶亦有十德，唐代劉貞亮讚賞，認為飲茶除卻健體強身之外，尚能「以茶表敬意」，「以茶可雅心」，「以茶可行道」等。的確，茶可清心，心清似玉；茶可洗胃，可滌心。座中有鴻儒，談笑有茗香，貧因茶而富，富因茶而貴。富而缺福者常醉於美酒，貧而有福者常品茗香。

　　茗是茶芽，一說指晚採的茶。《爾雅‧釋木》：「檟，苦茶。」晉郭璞《注》：「今呼早採者為茶（茶），晚取者為茗。」唐陸羽《茶經‧一之源》：「一曰茶，二曰檟，三曰蔎，四曰茗，五曰荈。」因採收的早晚

　　而不同名。今茶茗互用，故品茶又稱品茗。

　　蔎是茶的別名；荈是晚採的茶。《三國志‧吳韋　傳》：「或密賜茶荈以當酒。」唐陸羽《茶經》：「茶者南方之嘉禾也。」

水甜，壺古，茶香，地吉，人靈，物雅，景謐，潔淨，飲茶才心曠神怡，其樂也融融，其樂也泄泄，才喝得神清氣爽，才品出茶的滋味、香味與韻味，身與茶溶，心與道合，飄飄欲仙，才身通心暢。

一方水土養一方人，千里不同俗，百里不同風，各方人的口味亦各不相同。喝茶也要因人而異，才能各從其志，各得其所。閩、粵、滇人喜愛烏龍茶、普洱茶、鐵觀音。烏龍茶兼有紅茶的醇厚和綠茶的清香，為清茶類的代表，故亦有將鐵觀音等青茶統稱為烏龍茶的，主要產地在福建、廣東和臺灣。普洱是雲南的特種名茶，原產普洱府，故名。以雲南大葉種曬青毛茶的原料，經自然發酵陳化，或人工渥堆後發酵製成，有各種規格的散茶和形狀各異的緊壓茶（如心形的緊茶、碗形的沱茶、方形的磚茶、圓形的餅茶等），味苦而清香，醇厚回甜，可清胃生津、消食化痰、通泄醒酒等，有一定藥效。北方人喜歡飲香味茶，江浙人喜愛飲清芬的綠茶、龍井茶。清芬，本謂茶的清香芬芳，也比喻高潔的德行。陸機《文賦》：「詠世德之駿烈，誦先人之清芬。」綠茶是成品茶之一，葉色和湯色清綠，清香而稍帶苦澀味，回味甜；為不發酵茶，由鮮茶葉經殺青、揉撚、乾燥等工序製成。中國綠茶按產地分為屯綠、婺綠、杭綠、湘綠等；又按加工後茶葉的形態，分為眉茶、針茶、片茶、珠茶等。

鐵觀音茶是成品青茶之一。色澤褐綠，葉肉肥厚，緊結呈條索狀，葉面有白霜（咖啡鹼在慢火烘焙中移至表面）。泡飲時香醇味濃，有天然馥鬱蘭花香，是福建安溪特產。

龍井茶，因龍井而得名。龍井在浙江西湖西南山地中。歷史悠久

的龍井寺內有井，泉水出自山岩，甘冽清涼，四時不絕，以產「龍井茶」著名。寺內建有秀萃堂、江湖一勺亭。龍井茶是成品綠茶之一，葉片呈扁平形，色澤翠綠、光澤，茶湯清澈鮮綠，味甘具清香，以「獅峰龍井」和「梅家塢龍井」最為名貴。

廣東潮州人喜愛工夫茶，又名功夫茶。分小功夫與大功夫，小功夫指用具，大功夫指泡茶的技巧。先是以沸水洗杯，再引龍入宮（裝進茶葉），接著高山流水（沿壺邊沿緩緩衝入沸水），然後是財源滾滾（以三隻手指不停地轉動茶杯洗滌）。最後，用細炭煎至初沸，投閩茶入壺內沖之，蓋上壺蓋，再遍澆其上，然後斟而細呷，氣味芬芳清冽。

功夫茶是品茶的一種風尚，其烹製方法源於唐陸羽《茶經》。器具精緻，細白泥爐，形如截筒，高尺二三。壺用宜興瓷，大者可容半升許。杯盤用花瓷，即有花紋圖案裝飾的瓷，杯小而盤如滿月。烹時行將泉水貯鬵，鬵是釜屬，溫器。　是古量器，同「釜」。《周禮‧考工記》：「量之以為鬴。深尺，內方尺而圓其外，其實一鬴。」《注》：「四升曰豆，四豆曰區，四區曰鬴，鬴六十四升也。鬴十則鍾。」

不少人喜歡喝花茶、紅茶。花茶是在茶坯中放入有香氣的鮮花拼和後窨制而成的再加工茶，屬中國特有茶類。大多用綠茶（亦可用紅茶或其它茶類）做茶坯，常用的香花有茉莉、玉蘭、玳玳、玫瑰等。湯色同坯茶，既有茶香，又有花香。

紅茶是成品茶之一，葉色深紅，湯色黃紅或深紅，香氣宜人，滋味甜醇，為全發酵茶，由鮮茶葉經萎凋、揉撚、發酵、乾燥等工序製

成。中國紅茶有功夫紅茶、紅碎茶、小種紅茶等。工夫紅茶又可按產地分為滇紅、祁紅、川紅、閩紅等。

不僅中國各地飲茶的習俗各異，世界各國亦不盡相同，各有其妙。

（1）印度斯坦人喝奶茶。

印度斯坦人是印度人數最多的民族，主要分佈在印度北部和各大城市，有種姓制度。他們喝茶時必在茶葉中添加牛奶、小豆蔻及薑。沏出的茶味別具一格，將茶斟在盤子中輕輕吸而飲，細細品味。

（2）澳大利亞人喝白茶。

澳大利亞人叫奶茶為白茶，以白色代牛奶，再加入白糖。

（3）泰國人喝冰茶。

泰國是東南亞國家。公元 14 世紀，境內中部暹國和羅斛國合併，稱暹羅國。19 世紀末成為英、法殖民地間的緩衝國（即被兩個或兩個以上勢均力敵的大國擅自劃作它們之間緩衝地區的弱小國家，其領土一般由有關大國用條約保證，不予兼併）。1939 年改稱「泰王國」。1941 年日軍侵入，1945 年日本投降後恢復國名為「暹羅」。1949 年再改稱「泰王國」，簡稱「泰國」。冰茶即在一杯熱茶中添加一些小冰塊，茶就立即冰涼，飲用時冰涼沁肺，倍感精神舒適，是很適合於居住在氣候炎熱的泰國人的飲料。

（4）英國人喜愛飲紅茶。

英國人飲茶時常添加橘子、玫瑰。橘與柑大同小異，均為芸香料，性耐寒，具玫瑰芬香。由花提制的芳香油，為高級香料。花入藥，能理氣活血、疏肝解鬱，主治肝胃氣痛、食少嘔惡、月經不調、跌打損傷等症。茶裏添加柑、玫瑰，具有治療與保健功能，亦能減少茶鹼對胃的傷害。

（5）美洲人喝馬黛茶。

美洲全稱「亞美利加洲」，慣稱新大陸。由北美和南美兩個大陸及鄰近許多島嶼組成。南美洲不少國家的人們常將茶葉與當地的馬黛樹葉摻和在一起泡來飲用。泡茶時先將茶葉裝入圓筒中，衝上開水，以細長的吸管再插進大茶杯中吸而飲。

（6）埃及人喝甜茶。

埃及人是埃及的主體民族，亦稱「埃及阿拉伯人」。埃及是文明古國，約公元前 3100 年已建立統一的奴隸制國家，創造了高度的古代文化。「埃及聖書字」亦稱埃及象形文字，是人類最古老的文字之一，是一種表意兼表音的文字，其形旁和聲旁都來源於象形的圖形。埃及自古與中國友好往來，交流文化，15 世紀前曾兩次遣使於明。埃及人酷愛甜茶，這是一種極富糖或蜜的味道。每當他們款待賓客時，都會奉上一杯熱乎乎的茶，再放入足夠的白糖，同時奉上一杯生冷水給賓客作稀釋之用，以示對客人敬重有加。

（7）俄羅斯人喜歡飲紅茶。

俄羅斯人分佈極廣泛，共有 1.44 億人（2001 年），占全國人口

的 83%，另有 2500 多萬人分佈在獨聯體其它國家，130 萬人住在歐美等地。語言屬印歐語系斯拉夫語族，有文字。多信東正教，主要從事農業和工業。俄羅斯人飲茶時先在茶壺裏泡上天香濃鬱的一壺紅茶，喝時斟少許入杯中，接著衝入開水，隨個人的喜好掌握茶葉的濃淡程度。

（8）非洲人飲薄荷茶。

非洲全稱「阿非利加洲」，位於東半球西南部，為世界可哥、咖啡等的重要產地。非洲共有 59 個國家和地區。非洲人飲茶時，喜歡在綠茶裏添加幾片新鮮的薄荷葉和一些冰糖。薄荷屬唇形科，莖葉可提取薄荷油、薄荷腦，供醫藥、食品、日化工業用。莖葉入藥，性涼、味辛，有祛風散熱、止痛、健胃和祛痰等作用，主治外感發熱、頭痛、咽喉腫痛、皮膚癮疹等症。薄荷茶清香芬芳，氣味、味道清淡可口，茶性醇和，加之又甜且涼，是良好的天然甜味劑。如有賓客登門拜訪，主人連敬三杯為宜，且賓客須全部領情，喝盡三杯才不失禮。

奉茶禮儀

　　客來敬茶是人們平日往來的普遍禮儀。賓主敬茶，誼重情深；茶入家宴，情比茶濃；茶為國飲，天下太平。

　　酒滿茶半，此為奉客之禮儀。茶杯不要斟得太滿，以八分為適度。水溫不宜太高，以免賓客不小心而被燙傷。如有多位賓客在座，用茶盤奉出的茶應色味均勻適度，並要以左手捧住茶盤底部，右手扶住茶盤的邊緣。上茶時要以右手端杯，從賓客的右方奉上，且以雙目注視賓客，面帶笑容。酒有酒杯，茶有茶杯，飲料有飲料杯，不要混亂使用。如有糕餅之類的點心相請，點心應置於賓客的右前方，茶杯要置於點心右邊。以咖啡或紅茶款待賓客時，杯耳或茶匙的握柄應朝向賓客的右邊。一般還應為賓客準備砂糖與奶精，盛在小碟上或置於杯子旁，不必動手全盤包辦，應讓賓客各取所需，自由取捨。如有蛋糕配紅茶，其味必異常香甜。

　　飲茶前應敬神農，又稱「炎帝神農」或「烈山氏」。神農相傳為司農業、醫藥之神。傳說他牛首人身，善鑿井，作耒、耜、鋤、耨等農具，教民耕稼。又將禾種入田間，獲得豐收，成為農神。又曾嘗百草，辨明寒、毒、平、溫種種賦性。日遇七十二毒，得茶而解，並以茶為藥治病。民間又稱「藥王菩薩」。

國不可一日無君　君不可一日無茶

茶聖陸羽有詩云：「不羨黃金罍，不羨白玉杯，不羨朝入省，不羨暮登臺。千羨萬羨西江水，曾向竟陵城下來。」這首詩載於《全唐詩》。

罍是古代器名，青銅製，也有陶制的，用以盛酒和水，盛行於商、周時期。

白玉盤原指明月。唐李白《古郎月行》：「小時不識月，呼作白玉盤。」又指白瓷盤。

西江，西來的大江，泛指大江。竟陵故城在今湖北天門縣西北。

從陸羽這首詩中可見茶是如何的清芬、高潔與高雅。這首詩寫茶，但全詩沒有寫出一個「茶」字。可見其關鍵不在於茶葉的本身，而在於茶文化豐厚的內涵，這是茶的特有屬性。茶生於山野峰谷之間，泉出露於深壑岩罅裏面，均孕育於青山秀谷，自然形成一種遠離塵世、親近自然的特性。陸羽道，「山水上、江水中、井水下」，是對泡茶用水的主張，今天的自來水更排不上號，屬於下下水了。茶重純潔，泉貴澄澈。水是茶的載體，水之於茶，猶如水之於魚。飲茶時的愉悅快感與無窮意念的回味，均通過水來實現。所以茶豐厚的內涵和底蘊是高雅、純潔、澹泊、悠然與智慧。飲茶便可洞見底蘊。

乾隆和武則天均重視養生之道。乾隆高壽 89 歲，是歷朝歷代所有皇帝中長壽之佼佼者，在位 60 年，年近 90 還頭腦清醒，聲音響亮，協理朝政。這位大壽星很不簡單，他的養生秘訣有：「吐納肺腑，活動筋骨，十常四勿，適時進補。」除此之外，還對茶情有獨鍾。他曾言：「國不可一日無君，君不可一日無茶。」這是發自肺腑、擲地有聲之名句。由此可見，茶在日常生活中起著舉足輕重的作用。

茶的祖國

中國是茶的發源地，是茶的祖國。

茶是古「荼」字，唐以後省作「茶」。茶陵古寫「荼陵」。

茶樹葉加工可作飲料。茶為我國特產，作祭品、貢品、珍品，舊俗聘禮多用茶，女家受聘叫受茶。

茶亦稱「茗」。山茶科，常綠灌木。葉革質，長橢圓狀披針形或倒卵狀披針形，邊沿有鋸齒，秋末開花。中國中部至東南部和西南部廣泛栽種，印度等國亦產。茶含咖啡鹼、茶鹼、油酸、揮發油等，除作飲料外，還可作為製茶鹼、咖啡鹼的原料。根可供藥用。水沏茶葉而成茶水或茶湯。《新唐書・陸羽傳》：「羽嗜茶，著經三編，言茶之原、之法尤備。」

茶是茶樹的嫩葉和芽製成的飲料。可熱飲亦可冷飲。世界上約有一半人喝茶，但其商業價值次於咖啡，主要原因是所產茶葉的很大部分在原產區就被消耗。茶何時始作飲料已不可考。日本神話說，達摩面壁沉思了九年，有一次在沉思中睡著了，醒來惱恨萬分，便撕下自己的眼皮扔到地上，眼皮生根長成茶樹，其葉浸泡於熱水，飲後提神，可消除睡意。中國也有大同小異的傳說。

據傳，茶始作飲料約在公元前 2737 年的神農氏時代。公元前

350 年的中國古代辭書《爾雅》已經提到茶，記述茶的栽培。

《爾雅》是中國最早解釋詞義的傳著。由漢初學者綴輯周、漢諸書舊文遞相增益而成，為考證詞義和古代名物的重要資料。

茶最早是在四川栽培，以後沿長江流域傳到沿海各省。茶的栽培約於 6 世紀末隨中國文化傳入日本。但直到 13 世紀才成為流行的飲料。日本古代的茶道在今天仍是受人重視的一項儀式。茶的日本品種由德國博物學家醫師安德莉亞斯・克萊伊爾於 1684 年引入爪哇。1827 年，年輕的荷蘭品茶員雅科布松冒險進入禁止外人進入的茶園，從中國把茶種和工人帶到荷屬東印度群島。歐洲文獻中最早提到茶的是 1559 年威尼斯人拉穆西奧的《航海旅行》一書。東印度公司的威克姆是最早提到茶的英國人（1615 年）。當時東印度公司是最大的茶葉壟斷公司，鼎盛於 1600 至 1858 年，對普及飲茶方面起了重要的作用。英國議會為了維護茶葉專利，於 1773 年通過了茶葉條例，此條例促進了美國獨立戰爭和波士頓茶黨案的發生。

美國獨立前，英國諾思內閣採取了向美洲推銷英國茶葉條例作為英國茶葉的立法手段。1770 年，英國政府廢除湯森條例。這個條例並未廢除茶葉商稅，鼓勵向殖民地出口茶葉。其目的是為了說明英國東印度公司推銷庫存的 1700 萬磅茶葉，故制定新的茶葉條例，使公司在繳納湯森茶稅之後還有傾銷的能力。但美洲殖民地人民奮起抵制，1773 年年底釀成波士頓茶黨案，波士頓人民將英國船上的茶葉傾入海內。1774 年 4 月，在紐約也出現了類似的行動。

17 世紀中葉，荷蘭人飲茶成風，午後喝茶的習慣也傳到了新阿

姆斯特丹（今紐約）。英國人從 1840 年才開始午後喝茶，且蔚然成風，人們都以飲茶為趕時髦、新穎趨時之事。冰茶由英國人布森欽頓開始試制，在 1904 年聖路易斯國際博覽會上，因天氣炎熱，不能賣熱飲料，所以他把茶澆在冰上出售，果然生意興隆，貨如輪轉，讓他笑顏常開。1834 年，印度總督本廷克任命一個委員會制定種茶方案，由此開始了印度的種茶業。但早在 1823 年，少魯斯少校和印度人英內拉姆代萬已在印度北部上阿薩姆發現了本地茶葉。紐約的批發商沙利文不用罐頭而用絲袋盛茶葉樣品，分送主顧，因此創用茶袋。即溶茶始於 20 世紀 40 年代。

茶亦醉人何必酒

　　古人以茶為修身、陶冶性情、冶煉品格、堅正操守的珍品，所以，以茶為範，以茶配具，以茶配境，以茶配水，以茶配藝，故能超凡脫俗，甚至從修養、造詣上達到登峰造極的境界，進入超凡入聖之頂峰。這是中國茶人所崇尚的一種妙合自然、脫離塵世的生活方式。所以把道寓於品茶之中，使茶性與人性相通，茶德與人德相合，茶品與人品相容，借茶韻、茶香、茶味構築成淡泊無欲、清靜自守的高尚品德。故文人品茶是一種悟道，和尚飲茶是一種禪，道士飲茶是一種道，各有自我的倚重，各有自我的精神寄託。

　　人們常言茶道，何以為茶，何以為道？

　　茶就是茶，茶就是樸素，像真理那樣的樸素。茶就是博愛平等，一視同仁，不分貧窮富有、君子小人，人人均能享受。茶就是包容，就是海涵，就是博大精深。茶就是驅憂愁，解百毒。喝茶才能淨化身心，完善自我，讓人融入自然，回歸自然，提升自我。

　　道就是道，一陰一陽之謂道。《黃帝內經》云：「陰陽者，萬物之綱紀，生殺之父母。」故陰陽亦寓於道中。喝茶是一種物質與精神相互結合的身心合一的享受，善於喝茶者，善於修身養性。沖泡一次茶，茶葉的沉沉浮浮就釋出春雨的清幽、夏日的熾烈、秋風的醇和、冬霜的凜冽。有道是「茶若浮生，跡任浮沉」。以茶載道，茶性與人

性相通，人才活得實在，活得淡泊，活得純粹，活得坦蕩，活得剛直，活得浩然，活得風韻。

風雨人生路。若無閒事掛心頭，便是人間好季節。

有道是「茶亦醉人何必酒」。愛茶的人易醉茶，愛酒之人易醉酒。自古聖賢皆寂寞，只有飲者留其名。但茶之醉有別於酒之醉，酒之醉令人神志不清，乾坤顛倒，茶之醉令人淡泊，使人致遠。非淡泊無以明志，非寧靜無以致遠，醉茶的人才能真正領略大自然恩賜的藍天白雲、清風明月、海水沙灘。

有道「酒不醉人人自醉」，亦有道「茶不醉人人自醉」，正悟出人生的真諦。故曰，不善飲者如牛飲水，以茶解渴；善飲者，以茶悟道，品味人生。

咖啡的美麗傳說

　　關於咖啡這種植物的傳說由來已久，可追溯至百萬年以前，再往上推算它被發現的年代已不可稽考，僅傳說「非洲屋脊」之稱的衣索比亞的高原，是非洲古國之一，正是在這塊古老的土地上，有一個名叫科迪的牧羊人，他發現他的羊群在無意中吃了一種植物的果實之後敏捷靈活，充滿活力，有如靈獸一般。從此咖啡便被人們關注，也就發現了咖啡。衣索比亞的咖發（法）也被人們稱為咖啡的故鄉。

　　最早以人工栽培咖啡的民族是阿拉伯人，故另一版本說咖啡出自阿拉伯語「quhwah」，意即「植物飲料」。阿拉伯人栽種的是小果咖啡，現主要栽培於拉丁美洲。粗壯咖啡原產於非洲東部和剛果盆地，現廣泛種植在非洲及馬達加斯加。這兩個品種也種植於亞洲，中國的海南省就有大量種植。野生咖啡樹是常綠喬木，高 810 公尺，分支上長有成束白色小花，具茉莉花香味，大多野生於東半球熱帶地區。

　　阿拉伯人最早食用咖啡的方式是將整棵果實咬嚼玩味，以飲其汁液。同時又將磨出細碎的咖啡豆與動物的脂肪拌和在一起，以作遠足旅行體力補充的藥物。後來，約在 1000 年左右，人們才將綠色的咖啡豆浸在水裏，以高溫煮沸成香氣撲鼻的飲料。

　　調製咖啡的飲料和器具很多，有時需過濾，將咖啡粉泡在水中，加水煮沸，或用蒸汽蒸過咖啡粉。後再經過大約 300 年的歲月，阿拉

伯人開始烘烤咖啡豆。隨著第一粒咖啡豆被人們採摘，第一次用微火焙烤，第一次細磨使之粉碎，第一次沖水調和，第一杯醇正芳香撲鼻的咖啡問世以來，咖啡的奇聞趣事便迅速地在這個偌大的地球上傳開，且成為歷史上最富有詩意且充滿幻想的故事，亦形成一種浪漫的咖啡文化。

《古蘭經》又名《可蘭經》，阿拉伯語意為誦讀或讀物，是伊斯蘭教最高和最根本的經典。其內容包括伊斯蘭教的神學思想、宗教功修、道德規範和社會主張，其中規定嚴格禁酒，這就使阿拉伯人消費大量的咖啡，這是在客觀上促使了阿拉伯世界廣泛流行消費咖啡的原因。後再經過 400 年左右（約 16 世紀），咖啡以「阿拉伯酒」的名義經過意大利東北部港市、地中海區貿易鼎盛的城邦國威尼斯和法國第一大港、後亦成為世界級大港、世界最大客運港之一的馬賽，迅速傳入歐洲。到 17 世紀，意大利的威尼斯商人在各地經商中又廣泛傳開，波的葛是歐洲第一家咖啡店，也是全球咖啡店的發祥地。尤其是在巴黎，不論大街小巷，咖啡店、室、廳、館林立，構成了巴黎獨具一色的咖啡文化景觀。法國人喝咖啡最講究的不在於味道，而首重於環境的幽雅寂靜；不在於四溢的幽香，更在於內心悠然自得與浪漫的情調。所以，一般百姓人家均不願閉門獨酌，嬌貴無偶。「獨樂樂」不如「眾樂樂」，人們寧願在最大眾化的大排檔中的露天咖啡座裏與人同斟共飲，為之一樂。這就是法國人現實生活最浪漫、最傳神的寫照。法國民俗中有一個傳統的說法，在塞納－馬恩河邊叫人換一個咖啡館也許比換一種宗教還難。

塞納河在法國北部，流經巴黎盆地；馬恩河在法國北部，流至巴

黎東南形成大河灣，最後在巴黎東郊夏郎通匯入納塞河。

　　400多年以來，飲用咖啡蔚然成風，不僅從西方傳至東方，而且風靡全球。

第三編

人物

（九）聖人

有德有才是聖人，有德無才是賢人；無德有才是小人，無德無才是蠢人。

顏回子貢尊師楷模

顏無綿，字路，魯國人。顏路是顏回的父親，他們父子倆曾經先後在孔子門下求過學。顏回，字子淵，小孔子三十歲。在孔門中以德行著稱。他可謂是孔子門下最窮的學生了，但也是最尊師的楷模。

孔子讚歎道：「顏回真是難得啊！吃的是一小筐子飯，喝的是一瓢子水，住在僻陋的環境裏，要是別人，必將憂煩難耐了，顏回卻安貧樂道，安然自若，這並沒有改變他向道好學的樂趣啊！」又說：「顏回平日侍學，總是默默地聽受，看起來就像一個笨伯；可是我考察他退習時的言談舉止，對於所學，都能闡揚要義，發揮大體，顏回實在不笨啊！」孔子曾對顏回說：「有人賞識，就出來行道救世；不被賞識重視，就藏道在身，樂天任命，大概只有我和你能有這種生活

態度吧！」

顏回入孔門較晚，但他刻苦鑽研，很快領會了孔子學說的博古多識，博大而精深。他說：「仰之彌高，鑽之彌堅。瞻之在前，忽焉在後！夫子循循然善誘人；博我以文，約我以禮。欲罷不能，既竭吾才，如有所立卓爾，號欲從之，未由也已！」（見《論語・子罕》篇）

其大意是：「老師所講的道理，越學越感到它高深，越鑽越深感其奧妙。但老師卻善於依照適當的順序，好好加以誘導，用各種文獻知識來豐富我們，使我們得到提高。又以禮約束我們，使我們稍微放鬆學習都不可能。我通過學習似乎能夠理解。然而要想再繼續向前邁進一步，仍需要不斷地學習和實踐。」

當時少正卯為魯國大夫，傳說與孔子在魯聚徒講學，以致孔子之門「三盈三虛」，不少學生動搖，見異物而思遷，沒有主見而改變意願且投入少正卯門下。唯有顏回意志堅定，從未離開孔子身邊。有人曾問過他：「你為何不去向少正卯學呢？」顏回斬釘截鐵地作答：「一日為師，終身為父。且夫子之學，遵天命，倡仁德，示人以正道，是吾之為學也，何去之有哉？！」

少正卯，少正氏，名卯，魯國人。一說少正非複姓，為官名，亦稱「小正」，西周始置。《書・酒誥》：「少正御事。」少正為主管事務的「正」之副職。春秋時鄭國子產曾任此官。少正卯曾多次耍弄手腕將孔子門徒吸至自己門下，使孔子之門「三盈三虛」。傳說魯定公十四年（公元前 496 年），孔子為魯司寇時，以五惡（心達而險，行闢而堅，言偽而辨，記醜而博，順非而澤）亂政的罪名，「三月而誅

少正卯」。其事難以確信。

顏迴向孔子請教為仁的道理。孔子說：「為仁就是控制自己，一切循禮而行。能夠做到這個地步，天下的人就必然敬服你的仁德了。」

顏回深刻地領會孔子提倡「仁」的真正含義，且躬行不輟。他為人謙遜且恭謹。孔子問他待人之道，他答道：「人善我，我亦善人；人不善我，我亦善之。」孔子稱讚道：「回也，其心三月不違仁，其餘則日月至焉而已矣。」

孔子終其一生致力於宣導仁政和道德，顏回亦終生奉行為圭臬。他跟隨孔子周遊列國，所到之處均竭盡全力弘揚仁政主張。他嚮往「德政風行，君臣同心，上下協調，國泰民安，人人講仁義，個個守規矩，沒有溝防城郭，更無戰火之災」的和諧社會。他認為，要達到仁政德治的目標，務必對民眾的道德禮樂進行教化，而且要矢志不渝，堅持到底。

和諧，協調。《左傳·襄》十一年：「八年之中，九合諸侯，如樂之和，無所不諧。」《晉書·摯虞傳》：「施之金石，則音韻和諧。」《後漢書》四九《仲長統傳·昌言·法誡》：「夫任一人則政專，任數人則相倚，政專則和諧，相倚則違戾。」此指行動連貫一致。和諧是和睦、融洽。拆字：有禾（稻、飯）入口是為「和」，人皆能言謂之「諧」，前者是民主和社會保障，後者為民主和言論自由，二者具則和諧達。

魯定公時，孔子官至司寇。因不滿魯國執政者季桓子所為，去魯而周遊衛、宋、陳、蔡、齊、楚等國，皆不為所用。晚年返魯，聚徒講學。

孔子遊歷時，曾被困於陳、蔡，糧食幾乎斷絕，處境非常窘迫。因窘況難於擺脫，有的弟子已經失去信心，開始動搖。唯獨顏回思想不變，意志堅強，情緒安定，並恭謹地「釋菜於戶外」，以示對恩師的敬重與跟隨之志，與恩師同舟共濟，共渡難關。

釋菜一作「舍採」。古代讀書人入學時以蘋之屬祭祀先聖先師的一種典禮。《禮記·月令》：「命樂正習舞釋菜。」《周禮·春官·大胥》：「春，入學，舍採合舞。」

顏回坦誠地說：「夫子之道已達到了非常高的境界，所以不被有的人容納。儘管這樣，夫子亦盡心盡力盡責去推廣實行，以仁義善良之心救生民於水火。今雖受阻遭忌妒，不為一些人所容，這毫無損害恩師之道，這也可算是道之價值大、意義深刻與寶貴了！在任何窘境中能堅守正道而不動搖，這只有君子才能做得到。如若不修養正道，這是我們的恥辱和悲哀；我們傳佈正道，卻不被一些人所接受，那是他們的恥辱和悲哀。」孔子聽了，不勝欣慰地說：「且芝蘭生於深林，不以無人而不芳；君子修道立德，不謂窮困而改節。」

芝蘭一作「芷蘭」（見《荀子·宥坐》），香草名。《荀子·王制》：「其民之親我也，歡若父母，好我芳若芝蘭；君子修道立德，不謂窮困而改節。」這是孔子對顏回最好的評價。因為顏回臨難而不失其德，他追隨孔子行義於天下堅忍不拔的精神，令人欽佩和尊敬，千載

之後，人們仍對他投以欽佩的目光。

據《史記》記載，顏回才二十九歲，頭髮就已全白了，死得太早了（《索隱》引《家語》云三十二而死），這是英才早逝。顏回死的時候孔子哭得極其悲痛，因為這是白髮人送黑髮人。黃泉路上無老少，這是人生最悲慘的事。他說道：「自從我得到顏回之後，弟子們就更加親和向學了。」魯哀公問孔子道：「你的學生中誰最好學？」孔子回答：「有個叫顏回的最好學；他發了怒，很快就會消解，從不將憤怒轉移到別人身上；有了過錯，馬上就改正，絕不重犯。可惜他短命死了，現在嘛，再沒有發現這樣的學生了。」

顏回死了，他的父親顏路因家裏窮，就請求孔子賣了車子來幫顏回安葬。這實際上是給孔子出難題。孔子說：「回和鯉（孔子的兒子）雖有才與不才之分別，但對我們來說，也都是自己的兒子呀！鯉死的時候，也只有一層棺而沒有外槨。我總不能徒步走路而把車子出賣替他（回）買槨，因為我曾經位居大夫的行列，照禮是不可以步行的。」

孔子對顏回愛莫能助，力不從心，他這樣的回答也入情入理。有道「人老腳先老，養生先養足」，對一位老態龍鍾的人，更應如此。

孔子的學說以仁為核心，認為「仁」即「愛人」。提出「己所不欲，勿施於人」、「己欲立而立人，己欲達而達人」等論點，即所謂「忠恕」之道，又提出以「禮」為規範的「克己復禮為仁」。對於恩師的教誨，顏回都恪守不渝，且修身立德養性，使言行符合禮的要求而上升到仁的境界，以天下為己任。顏回敬業尊師的風範，均為後人

的楷模，後世尊其為「復聖」。

孔子平生對顏回沒有過什麼微詞。子貢儘管是孔門「十哲」之一，但孔子仍對他有過多的微詞。

《論語・公長冶》：「子貢問曰：『賜（子貢）也何如？』子曰：『女（汝），器也。』曰：『瑚璉也。』」

器是工具，用具。《易・繫辭》上：「備物致用，立成器以為天下利。」又下：「弓矢者，器也。」

在這裏，孔子當著子貢的面說他是一個器，實際上是降低他，貶黜他。但孔子馬上醒悟過來，認為這樣貶黜子貢太過苛刻，太過分，所以馬上改口補上一句，你是瑚璉一類的器。

瑚、璉，皆為古代祭祀時盛粢稷的器皿，因其貴重，常用以比喻人有才能，堪當大任。一曰瑚璉即胡輦，謂大車。

孔子這樣解釋就把子貢從一般用具提高到如祭祀時瑚璉般的貴重用品，這樣子貢也從心靈上感到欣慰。祭祀是當時國家最莊嚴的大事。

其實，說子貢好比瑚璉般的貴重，堪當大任也是不為過的。齊將伐魯，孔子說：「國危如此，二三子何為莫出？」說是二三子，實際上他心目中所盼望的就是子貢這個人。「故子貢一出，存魯，亂齊，破吳，強晉而霸越。子貢一使，使勢相破，十年之中，五國各有變。」這是司馬遷對子貢高度的評價與恰如其分的概括。這種成就與

功勳是子路、子張、子石難於達到的，所以他們儘管自告奮勇請出請行，孔子均止之與弗許。只有子貢請行，孔子才「許之」。

子貢儘管在外交上旗開得勝，馬到成功，功勳顯赫，但吃力不討好，孔子卻還對他進行嚴厲的批評。據《孔子家語·屈節解》所記，孔子說：「我只是讓你阻止齊國攻打魯國，別的都是不該幹的事！巧舌如簧，傷害信義，以後要管住自己的這張嘴巴！」

孔子批評得的確對，他沒有叫子貢去疲於奔命地進行外交穿梭，製造矛盾，挑起仇恨，挑起鬥爭，讓各國相互反目為仇，干戈相向，且持續十年之久。烽火連天的結果，飽受戰禍的只有各國的平民百姓，這就有悖於仁者愛人，有悖德治和教化，有悖孔子反對苛政和任意刑殺的主張。所以孔子毫不客氣地要子貢管好自己那張巧舌如簧的嘴巴。

巧舌如簧，形容能說會道，含貶義。語出《詩·小雅·巧言》：「巧言如簧，顏之厚矣。」劉兼《誡是非》詩：「巧舌如簧總莫聽，是非多自愛憎生。」

子貢好廢舉（善於賤買貴賣做生意）與時轉貨資，貨如輪轉，生財有道，成為當時的富商。他周身長有經商聚富的細胞，成了孔門中最富有的人。他的經商奇才與生財之道更使孔子驚奇不已，百思不得其解，疑竇叢生。孔子曾說：「賜（子貢）不受命令，而貨殖焉，億則屢中。」（見《語言·先進》）

其意是說，子貢不夠聽話，竟去買進賣出，不知道為什麼。他預

測（評估）市場的商品價格，熟悉行情，摸透了行情的看漲與看落，都準確無誤，弄到富可敵國這種程度。

司馬遷在《貨殖列傳》中寫范蠡幫越王句踐洗刷了被圍會稽的恥辱之後而知進退，於是坐小船飄游於大江大湖之中，改名換姓，到齊國，自己就叫「有罪被流放的盛酒皮囊」，到陶，改叫朱公。陶地居天下的中央，與各諸侯國四通八達，是貨物的交易要地。於是陶公經營產業，囤積貨物，乘時投機，追逐利潤。他把握時機，在十九年之間，三次賺得千金的財富。陶公認為經營產業和經營天下一樣，不必苛求責任於他所任用的賢人。所以，善於經營產業，要能擇用賢人，即如《索隱》所言，要擇用賢人而不必由賢人負責任。一說「擇」作「釋」，是不要賢人之意。

子貢也利用拋售方法經商於曹國、魯國之間，終成為腰纏萬貫的富商，且成為中國史上首位富商。但是司馬遷不知為何把陶朱公列為第一個富商，子貢反寫成第二個富商。

司馬遷在《貨殖列傳》中還寫有第三個富商，是巴蜀的寡婦，名清，她的祖先得到朱砂礦而壟斷利益好幾代人，家產也多得不能計算。

在歷史上，比子貢富有的人多的是，但他們所花的錢，並沒有多少是值得的。例如，陶朱公把他的千金財富分一些給他貧困的朋友和遠房同姓的兄弟們，這就是所說的富有了就施行恩德呀！到他年老力衰後，聽任子孫持家。子孫繼承他的事業，不斷地生財，以至有上億金的家產，因此，後世只要說到富豪，都推崇陶朱公了。俗話說：

「錢大人小，錢小人大。」

巴寡婦清，能守住祖先的產業，用錢財來保護自己不受侵犯。秦始皇認為她是一個貞節的寡婦而以客禮招待她，死後又為她築一座「女懷清臺」。清是偏僻鄉野的寡婦，卻受到天子的禮遇，名聲遠播於天下，這不都是依賴他們的財富嗎？

歷史上唯獨子貢，生財有道，用財有方。他的錢大都獻給了恩師孔子，用有所值，「夫使孔子的名布揚於天下者，子貢先後是也」。

子貢的財富花在孔子的身上，就是贊襄弘揚本民族特有文化，使之代代傳承，無窮於後世；也是贊襄代表自然規律的天道，呵護斯文。

贊襄，佐助。語出《書·皋陶謨》：「贊贊襄哉。」柳宗元《禮部賀皇太子冊禮畢德音表》：「嚴贊襄之禮，賜予有加。」

斯文，指禮樂制度，後引以指儒者或文人。《論語·子罕》：「天之將喪斯文也，後死者不得與於斯文也！」

由上可見，子貢的錢花在恩師孔子身上，就是花在宏揚民族文化上。就是花在人間大道上，就是花在保護禮樂制度上，就是花在呵護斯文上，這是他的遠見卓識，亦是他的自豪和驕傲，故超其所值，最得其所。

孔子曾問子貢：「你和顏回誰強些？」子貢回答說：「我怎麼跟顏回比呢？顏回聽知一個道理，就能推知十個。我啊，聽知一個只能

知兩個。」這是他的自謙，也是對顏回的敬重。

子貢問貧問成「病」

　　原憲，字子思，春秋時魯國人，一說宋人，一稱原思、仲憲，孔子弟子，貧而樂道。孔子為魯司寇，以為家邑宰。後隱居衛草澤中。子貢往訪，問以病乎，答曰：「無財謂之貧，學道而不能行者謂之病。若憲貧也，非病也。」

　　子思曾問孔子什麼樣的人是可恥的，孔子說：「國家政治清明的時候，只在朝廷吃俸祿而沒有建樹；國家昏亂的時候，也只知道吃俸祿而不能修道藏身，這都是可恥的。」

　　子思又問道：「一個人能將自己的好勝心、驕傲自誇、滿腔怨憤、貪得無厭等弊端都革除掉，這可以算是仁了嗎？」孔子說：「這可以說是難能可貴的了；至於說是不是仁，那我就不知道了。」

　　原憲也是孔子最窮的學生之一。孔子死了以後，原憲跑到荒山水邊居住。這時，子貢在衛國做了大官。有一天，他駕著四匹高頭大馬拉的大車，帶了一隊騎士，闢開叢生的雜草，進到荒僻的小村子裏來看望原憲。原憲穿戴著破舊的衣帽接見子貢。子貢見了覺得很不光彩，就問原憲說：「怎麼，你是不是病了？」原憲說道：「我聽說，一個人沒有錢叫做貧，學了一身道術而不能去實行的叫做病。像我現在這個寒酸相，那只是貧，並不是病啊！」

　　子貢聽了覺得很不光彩，羞慚滿面，悶悶不樂地走了。他一輩子

為這次說錯話而感到十分難過，並奉勸啟口動輒問病諸君子要慎之又慎，切莫蹈子貢之覆轍，釀成終身遺恨。

疾病即生病。輕者為疾，重者為病。「上醫」是高明的醫生。《國語・晉》八：「上醫醫國，其次疾人。」醫同「醫」。《新唐書・甄權傳》：「古之上醫，要在視脈病乃可識。」上醫醫國，下醫療人。

貧窮，貧苦窮困。缺乏財物為貧，生活無著落、前途無出路為窮。《荀子・修身》：「士君子不為貧窮怠乎道。」《戰國策・秦》：「蘇秦曰：『嗟乎！貧窮則父母不子，富貴則親戚畏懼。』」有道「貧窮自在，富貴多憂」。財物豐饒為富，地位高為貴。

又有道「笑貧不笑娼」。再有道「禮義出於富貴，盜賊出於貧窮」。

貧窮竟是一條「罪」。

大賢士顏回是孔子門下最窮的一位學生。一天，一個同學的銅方圈丟失了，踏破鐵鞋無覓處，怎麼也找不回來。大家都把懷疑的目光投向顏回，都在他的眼前旁敲側擊地曲折試探，在暗地裏誹謗中傷他。顏回含垢忍辱。但面對這些含血噴人的同學，他不以牙還牙，以眼還眼，針鋒相對，仍然竭力鎮定自己，毫不怨恨，堅信清者自清，始終靜悄悄地學習。

但眾口鑠金，一天放學之後，一群好事的學生便蜂擁到孔子面前，對顏回加以誹謗，眾口一詞地咬定是顏回偷了銅方圈。孔子聽了，認為這是大家對顏回的誤解所致，因為他最瞭解顏回的品德與為

人，根本就不相信顏回會做出這種有損人格的缺德之事，於是開始思索解開這群弟子的疑團，證明顏回的清白無辜，且能讓弟子們信而有證，而為之信服的方法。

孔子眉頭一皺，計上心來，便對弟子們道：「我並不是不相信你們的話。但你們說顏回偷了銅方圈，這只是一種猜測而已。捉姦捉雙，捉盜捉贓。你們沒有人親眼看見，又沒有人抓住他的手，更沒有抓住贓物，萬一不是他偷銅方圈，這豈不是使他蒙受不白之冤，你們反倒冤枉了好人。不如用這個方法去試試他，看他是否見財心動吧。」孔子只有這樣對症下藥了。

他邊說邊找出了一塊黃金，又用一塊布寫上幾個字，接著以這塊布把黃金包紮好。最後指派兩個弟子帶著黃金布包，並且如此這般地面授機宜。

第二天早上，顏回照例上學。在路上走著走著。突然踢著一個硬邦邦的東西，他穿的是草鞋，腳尖正疼痛得要命，便彎下腰按摩腳指頭，忽然發現腳下有個白布包，便拾起來，打開一看，原來裏面包裹著一錠金子。包布上還寫有一行字：「天賜顏回一錠金。」顏回並不是一個見錢眼亮、為財所動的人，他為之一笑，便取出筆在那行字的下面又寫上一行字，然後把金子包裹好，放回原處，就匆匆上學去了。

顏回走遠之後，兩個學生便從暗哨中急急匆匆地出來，拾起了布包，三步並做兩步走嚮學堂，交給了孔子。孔子將布包打開一看，布包上又添上一行字：「天賜顏回一錠金，外財不發命窮人。」看完，

默不作聲，並與顏回默然相對，同時投出了欽佩、讚賞的目光。那些一口咬定、橫加誣賴顏回的弟子們都無言以對，個個低下頭來，如鉤搭魚鰓、箭穿雁嘴般滿面羞慚。

過了幾天，丟失的銅方圈終於找到了，那位同學找顏回賠禮道歉。顏回只是一笑置之。

顏回個性內向，不合群，不苟言笑，家景貧寒，這自然使一群紈綺子弟瞧不起他。

自此，孔子更加器重顏回，顏回亦不負恩師厚望，學習大進，人品等修養更在眾弟子中鶴立雞群，終成七十二賢中之出乎其類、拔乎其萃者，成為孔子的「傑作」。

子貢的「三寸不爛之舌」與
馬夫的「馬到成功」

　　孔子在一次出遊中，因馬兒偷吃了農夫的莊稼，農夫十分惱怒，立即捉住了馬並將它關進馬棚裏。孔子的得意門生子貢得悉此事，立即挺身而出要去與農夫商量解決。但交涉失敗了，只得空手而歸。

　　子貢的確是一個頂尖的外交家。

　　「子貢」是字，名端沐（一作木）賜，衛國人。小孔子三十一歲。

　　子貢口才好，嫻於辭令，能言善辯，孔子常駁斥他的說辭，列於語科。子貢經商曹、魯之間，家累千金。歷仕魯、衛，出使各諸侯國，分庭抗禮。曾為魯遊說齊、吳、晉、越等國，促使吳發齊救魯。卒於齊。

　　陳恒又名陳成子、田成子、田常、田乞子。春秋時齊國人。齊簡公時，與闞止任齊左右相。承其祖先之法，大斗出貸糧食，小斗收進，以結民心。齊簡公四年（公元前 582 年），攻殺闞止及簡公，立簡公弟驁為平公。自為相，專齊國政，盡殺公族之強者，擴大封邑，自此齊國由陳（田）氏專權。

　　當時陳恒即將舉兵攻伐魯國。他正想在齊國作亂，卻怕高昭子、

國惠子、鮑牧、晏圉等從中作梗，所以暫時把作亂的兵移用，要來攻打魯國。孔子得悉之後，就對學生們說：「那魯國是我們祖先墳墓所在的地方，是父母親人居住的國度。現在岌岌可危，諸位怎不挺身而出拯救魯國的危亡呢？」

子路一馬當先，請求前往救魯國。孔子止之。

子張、子石請行，孔子弗許。

子貢請行，孔子許之。子貢心裏非常明白，老師正在期盼著他。

仲由，字子路，是卞地人，小孔子九歲。子路這個人，本來很粗野，喜歡逞勇鬥力，氣性剛猛爽直，頭上插著公雞羽毛，身上披掛著公豬的牙齒，還欺虐過孔子。

子張是顓孫師，字子張，陳國人。小孔子四十八歲。為人有容量，寬厚從容。

公孫龍（龍，一作礱），字子石。小孔子五十三歲。從子石以上三十五人，都有準確的年齡、姓名，求學的經過和事蹟記錄在古籍上。

孔子為什麼同意子貢去齊國做說客救魯國呢？司馬遷在《仲尼弟子列傳》中就說得非常清楚：

子貢出發到了齊國。對陳恒說：「你要攻打魯國，那就犯大錯了。因為要攻下魯國是極不容易的，它的城牆既薄又低，土地既小又瘦瘠。它的國君愚昧又不仁。朝中大臣只會弄虛作假又不中用，士兵

百姓又怕打仗，所以你千萬別跟它打。我認為你不如去攻打吳國。因為吳國的城牆又高又厚，土地既廣闊又肥沃，兵甲既堅銳又精良，士卒既經訓練又吃得苦，城中盡是精兵和寶物，又派有英勇的將軍來守城，這是最容易攻打的。」陳恒不聽則罷，一聽就火冒三丈，說道：「你說難的，人家倒說易。你說容易的，人們倒說是難的，你說這番話到底居心何在？」子貢說：「一個憂患在朝廷的人，必去攻打強國；如若憂患在草民百姓之中，才去攻打弱國。現在你的憂患在朝廷之中。我聽說你三次要受封都封不成，就說明朝廷中有朝臣反對你。現在你欲攻打魯國來擴充齊國的領土，要是打勝了，會使你的國君更驕傲，使大臣們更受尊崇。而你的功勞不在裏面，你與君主的關係反而一天比一天疏遠。這樣，你對上使國君驕傲，對下使群臣放肆，想就此來成就大事，那是太難了。

再說凡是主上驕傲勢必放肆，群臣驕傲勢必爭鬧打鬥。最後釀成你上被國君的嫌怨，下又與群臣爭鬧打鬥。到了這種地步，你在齊國要立穩腳跟就非常危險了。所以，我認為你不如去攻打吳國為好，如果打不贏，只有人民在外效死，大臣們率兵出戰，朝廷必然空虛，這樣你在朝中沒有群臣的對抗，在下沒有升斗小民的怪罪，孤立主人，對齊國的專制非你莫屬。」陳恒聽罷立即轉嗔為喜，忙說：「好極了！但是我的軍隊已經開到魯國了，現在又掉頭去攻打吳國，大臣們必定對我猜忌，該怎麼辦呢？」子貢說：「你只有按兵不動，讓我為你出使去見吳王，教他發兵救魯並來討伐齊國，那時你就發兵迎頭痛擊就是了。」陳恒說：「好，好！」就叫子貢向南去見吳王。

子貢見吳王，說道：「我聽說，一個國君是不會讓諸侯屬國被人

滅絕的。一個霸主也不容許天下有別的強敵出現。這好比千鈞之重加上了些小的東西就移動，是會破壞均勢平衡的。目前萬乘的強齊私下要攻打千乘的弱魯，其目的是要與吳國爭強鬥勝，我私下為你感到危險。如果你能發兵救魯，是可以顯揚名聲的。討伐齊國是大有好處的。這樣一方面能夠鎮撫泗水一帶的諸侯國；一方面誅伐蠻橫的齊國去歸附強大的晉國，好處沒有比這再大的了。名義上是去營救了魯國的危亡，實際上是阻扼了齊國擴張的野心。這個道理，聰明的人是不會懷疑的。」

泗水，古水名。在今山東西南部，四源併發，故名。也是地名，在今江蘇沛縣。「泗上」是泗水之濱，當時共有十二個諸侯國。

吳王聽了子貢的這番話，說：「很好的計策啊！但是我曾經和越國打過仗，越王退守在會稽這地方，他臥薪嚐膽，教養士卒，有決心要報復我。你且等我打下越國之後，再照你的話去行事吧。」子貢說：「越國的勢力不如魯國，你吳國也比不上齊國強大。現在你放了齊國而去攻打越國，恐怕你打下越國時，齊早已平定魯國了。那時，你必將以保持自身危亡和延續將滅亡的名義以作號召。那麼，去攻打彈丸之越國，反而害怕起強大的齊國來，這不是勇者所做的事。真正的勇者，是不避開艱難險阻的；仁者是不甘困坐愁城的；智者是不肯失掉契機的；王者是不會讓一個國家滅絕的，因為他們是借這一機會來建立道義。目前當務之急是應該借著保存越國來向各國宣誓你的仁慈。解救魯國，攻伐齊國，向晉國顯示你的威勢，屆時，諸侯各國必然相約而來歸附和朝見你，這樣你稱霸諸侯的大業就告成了。再說，你真的厭惡越國，那我可以替你到東面去見越王，叫他出兵追隨你，

這實際上是使他的國內空虛，只名義上跟隨諸侯去討伐就是了。」吳王聽了喜出望外，就派子貢前往越國。

　　子貢一到越國，越王已清理好迎賓道路又親自到城外迎接，並親自將子貢引導到榻下，對子貢說：「我們越國是個落後蠻夷的地方，你這位貴人怎麼肯屈身而又鄭重其事地光臨呢？」子貢說：「目前我已經勸吳王去救魯攻齊，吳王心裏願意，主要的是顧慮你越國，所以他說：『等我打下越國之後才能這樣做。』真是這樣的話，他攻下越國是必然的事了。再說你真是沒有復仇的心意卻使人懷疑，這是很拙劣的；有報仇的心意卻被對方察覺，這是不安全的；事情還未發生就被對方刺探到風聲，那是危險的。這三點是成大事的最大忌諱。」越王句踐聽了磕頭撞地一拜再拜後說：「我是曾不量力想與吳國決一死戰的，故弄得如今困守會稽，這是痛心疾首的事了。我日夜不息地吸取教訓，弄得唇焦舌乾而又疲憊不堪，只想與吳王拼個生死，這是我唯一的願望啊！」接著又問子貢有沒有什麼好辦法。子貢說：「吳王這個人兇狠殘暴如豺狼，臣屬們都忍無可忍；國家又屢屢征戰，人力物力疲敝不堪，將士疲困不振，百姓怨聲載道，朝中內臣又想內變。伍子胥又因進諫被殺，太宰嚭主政弄權，他只順著吳王的錯誤行事，企圖保存個人私利，這是殘害國家的做法。如果你能派兵協助吳王，來堅定他擴張的意志，又以重金寶物收買他的歡心，更以謙恭有禮的言辭和禮儀來尊崇他，那他一定去攻打齊國。他打輸了，那就是你的福氣了；要是打贏了，他必然乘勝稱霸中原，帶著軍人直逼晉國。那時我將北上去見晉王，要他一同來攻打吳國，那時吳國的兵力必然大損。待他的精銳盡在齊國消耗了，重兵又被晉國牽制著，你就在他交

困疲憊的時候去攻打他，那是絕對能夠消滅吳國的。」越王一聽，茅塞頓開，答應照計而行。並送子貢金子兩千兩、利劍一柄、上等的矛兩把，子貢不肯受，逕自拂袖而去了。

子貢又回到吳國，對吳王說：「我已經將大王的話鄭重地轉告了越王，越王聽了很害怕。他說：『我很不幸，從小就失去雙親，又不自量力竟然得罪了吳王，結果兵被打敗了，身受了屈辱，困處於會稽，國中空虛。幸賴吳王的恩典，使我能保全祖先的宗廟，四時奉享祭祀。這一大恩大德，我終生難以忘懷，哪還敢懷有什麼壞主意呢？』」

過了五天，越王派了大夫文種來到吳國，他向吳王磕頭，對吳王說：「罪臣句踐謹派使者文種，前來修好大王，敬托他們代向大王請安。現在聽說大王將要發動正義之師，討伐強國，救弱扶小，制裁強暴的齊國，撫慰周朝王室。我越國自願動員國中所有的三千士兵前來效命疆場。句踐願意披上盔甲持上兵器，為大王一馬當先，今派越國的賤臣文種，獻上先人收藏下的器物：戰甲二十套，屈盧的矛，步光的劍，並向你的將士們致敬。」

屈盧是古代造矛的良將名，後用以良矛的代稱。《史記‧仲尼弟子傳‧端沐賜》：「因越賤臣文種奉先人藏器，甲二十領，屈盧之矛，步光之劍，以賀軍吏。」《索隱》：「音膚，斧也。……屈盧，矛也。」參閱《商君傳》：「持矛而操戟者旁車而趨。」（《集解》、《索隱》）。戟車是皇帝獵車名，又名蹋豬車。

步光是古劍名。《樂府詩集》魏文帝（曹丕）《大牆上蒿行》：「順

之辟閭，越之步光。……知名前代，咸自謂麗且美。」

吳王聽了文種這番話之後，萬分高興，把經過告訴了子貢，說道：「越王想親自來跟隨我去打齊國，可以答應了嗎？」子貢說：「不可以。把人家國庫弄空，帶走了所有士兵，又要人家的國君跟著征戰，這是不義的。你最好收下他的獻禮，接受他派來的軍隊，而辭卻他的國君隨行出征。」吳王同意了，就辭謝了越王。於是吳王就調集了九郡的兵士北上伐齊。

子貢接著就離開了吳國，急步不停地趕到晉國。他對晉王說：「我聽說，計策如不先定好，是無法應付非常之事的；兵士不首先訓練好，是不能打勝仗的。現在齊國正要與吳國開戰，要是吳國打不贏，越國必先去干擾他。要是打勝了齊國，吳王必然趁勢揮戈直指晉國。」聽了子貢這樣的分析，晉王緊張起來了。問子貢道：「那怎麼辦呢？」子貢說：「你先修好兵器，養好士卒，坐等他來進攻就是了。」晉王一一依著照辦。

子貢這才離開晉國回到了魯國。吳王果然與齊軍在艾陵（今山東萊蕪市東北或泰安市東南）開戰，大敗齊軍，擄獲了齊國七個將軍帶的兵，仍未班師回朝。接著就揮師直逼晉國，與晉軍在黃池（又名黃亭，在今河南封縣西南）交戰，吳軍慘敗。越王得悉，便立即揮師渡過錢塘江，進襲吳國，先在吳國都城外七里的地方紮營。吳王得悉後，立即從晉國班師，與越軍在五湖一帶交火，一連打了三仗，吳軍都無法取勝，連都城的大門也守不住了，越軍迅速包圍住吳國的王宮，殺了吳王夫差，同時將他的宰相斬了陳屍示眾。有道「多行不義

必自斃，放屁偏打腳後跟」，吳王自吞苦果了。

五湖，先秦史籍記載吳越地區有五湖，說法不一。最初當指太湖，以後又泛指太湖流域一帶所有湖泊。近代多指洞庭湖、鄱陽湖、太湖、巢湖、洪澤湖為五湖。

滅吳之後第三年，越王就東向稱霸。司馬遷說，子貢這一出來，保全了魯國，擾亂了齊國，破滅了吳國，強大了晉國，越國也稱霸了。子貢一當使者，使各國的勢力互相攻破，在十年之間，齊、魯、吳、晉、越五國的情勢都各自發生巨大的變化。

子貢後來到衛國做官，又利用拋售和囤存（聚集）貨物的方法，在曹國和魯國之間經商。孔子的七十個傑出學生中，以子貢最富有，他是當時最有名的富商。他的腦子都充滿著經商的細胞，是一位賺錢的高手。他富有到什麼程度，可說是天文數字，他所到訪的國家，「國君無不分庭與之抗禮」。

分庭抗禮，以平等的禮節相見。古代禮節，主人的位置在東，客在西，客人與主人相見時，站在院的西邊與主人相對施禮，故謂為分庭抗禮。《莊子‧漁父》：「萬乘之主，千乘之君見夫子來嘗不分庭伉禮。」伉，也作「抗」。後來用以比喻地位平等。南朝陳姚最《續畫品‧序》：「至如長康（顧愷之）之美，擅高往冊，……分庭抗禮，未見其人。」

子貢是孔子的「傑作」。子貢坐著四馬並轡齊頭牽引的車子，帶著束帛作禮品，到各國去訪問，接受諸侯的宴請。而且他所訪問國家

的君主，對他均行賓主之禮。孔子的名望所以能夠布滿天下，都是子貢在人前人後吹噓而鵲起的。這就是所說的得到形勢之助，水漲船高，才使孔子的名望更加顯著。孔子終其一生，也從未享受過這種禮遇。

子貢以如此顯赫的身份開展外交，穿梭馳騁在各國之間，三寸不爛之舌，強於百萬之師，縱橫捭闔，折衝樽俎，把各國的國君熨帖得順順服服，對他言聽計從。但他以如此高貴的身份低聲下氣地去乞求農夫放馬兒，如此低三下四反而使農夫不買他的賬，不肯將馬放回，這是他始料不及的。他到各國都馬到成功，如願以償，但到農夫之家反碰一鼻子灰，徹底無奈地失敗了。有道是「智者千慮，必有一失」，的確是至理。

這件事立即引發朝廷內外議論的譁然，令人驚歎不已。可見孔子有時看人也走眼，以致用錯了人。但他很快就悔悟地對學生們說：「用別人聽不懂的道理去說服他，就好像請野獸享用太牢，請飛鳥聆聽九韶一樣，這是我的不對，並非農人的過錯。」

有道是「大道理管小道理，但大道理要服從小道理」。道理是圓的，你滾去他又滾來，結果大道理只有成為無道理。

太牢，盛牲的食器叫牢，大的叫太牢。太牢盛三牲，因之也把宴會或祭祀時並用牛、羊、豕（家豬）三牲，叫太牢。《呂氏春秋·仲春紀》：「以太牢祀於高禖。」《注》：「三牲具曰太牢。」後專指牛為太牢，羊為少牢。《大戴禮·曾子天圓》：「諸侯之祭，牛，曰太牢。大夫之祭，牲羊，曰少牢。士之祭特牲。豕，曰饋食。」

九韶，古樂名。《莊子・至樂》：「奏九韶以為樂。」也作「九招」。《史記・武帝紀》：「咸戴帝舜之功，於是禹乃興九招之樂。」《索隱》：「招，音韶，即舜樂簫韶。九成，故曰九招。」孔子聽了盡善盡美的九韶之後，「三月不知肉味」。

孔子經過再三考慮，決定派馬夫親自前往，把馬兒要回來。

馬夫找到了農人家，跟農夫三言兩語這樣說：「你從未離家到過東海之濱耕種，我也未曾到過西方來，但兩地的莊家都長得一模一樣，馬兒怎麼能知道那是你的莊稼不該偷吃呢？」

農夫一聽，茅塞頓開，覺得很有道理，便將馬還給了馬夫。

人服道理馬服鞭。馬兒頭向黃土，背朝天，莊稼又是一模一樣的，馬兒又不識字，又不懂話，怎麼知道哪些莊稼該吃，哪些又不該偷吃呢？馬兒本身是沒有過錯，是無罪的，因此不應把它關起來。有罪的就應該是眼皮下的這個馬夫了，應該教訓和責備他一頓。但農夫也想到，他已登門造訪，而且又從千里迢迢的東海之濱來，又先說彼此相見一次好不容易，同時又聚散如此的匆匆，一別之後，再見面一次又在何年何月何日呢？那是遙遙無期的事了。 不是馬兒的事在牽引，大家能在渺無際涯的天邊有這次的風雲際會嗎？想到這裏，農夫的心扉敞開了，頓時心明眼亮了，怒氣亦全然消釋，怎麼又能撕破情面再去教訓馬夫一頓呢！由此想來，馬兒也立有一份功勞了。

馬夫的話言簡意賅，鞭闢入裏，更有情有理，叩人心扉。首先創造一個天涯海角聚合匆匆的情境營造化解不開的情結，勾引起對方萬

縷的情絲，所以旗開得勝，馬到成功。孔子的馬夫的確也有兩下子，可謂一言九鼎了。孔子的確慧眼識英雄，拔翟人才又是如此的精準，讓自己的馬夫出馬。馬夫亦不辱使命，對農夫先動之以情，再曉之以理，輕而易舉地將馬兒領回，這又是一曲「完璧歸趙」的凱歌。

　　有道是「愚者千慮，必有一得」，信夫！

七歲項橐對孔子

　　一日，孔子率諸弟子御車出遊，路逢數兒嬉戲，中有一兒不戲。孔子乃駐車問曰：「獨汝不戲何也？」小兒答曰：「凡戲無益，衣破難縫，上辱父母，下及門中，必有鬥爭，勞而無功，豈為好事，故乃不戲。」遂低頭以瓦片作城。孔子責之曰：「何不避車乎？」小兒答曰：「自古及今，為當車避於城，不當城避於車。」孔子乃勒車論道，下車而問焉：「你年尚幼，何多詐乎？」小兒答曰：「人生三歲，分別父母；兔生三日，走地畎（田間小溝）畝；魚生三日，游於江湖。天生自然，豈謂詐乎？」孔子曰：「汝居何處，何姓，何名，何字？」小兒答曰：「吾居敝鄉，賤地。姓項，名橐，未有字也。」孔子曰：「吾欲共你同遊，汝意下如何？」小兒答曰：「家有嚴父，須當事之。家有慈母，須當養之。家有賢兄，須當順之。家有弱弟，須當教之。家有名師，須當學之。何暇同遊也？」孔子曰：「吾車中有三十二棋子，與汝弈博，汝意下如何？」小兒答曰：「天子好博，四海不理。諸侯好博，有妨政紀。士儒好博，學問廢弛。小人好博，輸卻家計。奴婢好博，必受鞭撲。農夫好博，耕種失時。是故不博也。」孔子曰：「吾欲與汝平卻天下，汝意下如何？」小兒答曰：「天下不可平也。或有高山，或有江湖，或有王侯，或有奴婢。平卻高山，鳥獸無依。填卻江湖，魚鱉無歸。除卻王侯，民多是非。絕卻奴婢，君子使誰？天下蕩蕩，豈可平乎？」孔子曰：「汝知天下，何火無煙？何水無魚？何山無石？何樹無枝？何人無婦？何女無夫？何牛

無犢？何馬無駒？何雄無雌？何雌無雄？何為君子？何為小人？何為不足？何為有餘？何城無市？何人無字？」小兒答曰：「螢火無煙，井水無魚，土山無石，枯樹無枝，僊人無婦，玉女無夫，土牛無犢，木馬無駒，孤雄無雌，孤雌無雄，賢為君子，愚為小人。冬日不足，夏日有餘。皇城無市，小人無字。」孔子問曰：「汝知天地之綱紀？陰陽之終始？何為右？何為左？何為表？何為裏？何為父？何為母？何為夫？何為婦？風從何來？雨從何至？雲從何出？霧從何起？天地相去幾千萬里？」小兒答曰：「九九還歸八十一，是天地之綱紀。八九七十二，是陰陽之終始。天為父，地為母。日為夫，月為婦。東為左，西為右。外為表，內為裏。風從蒼梧（九疑山，在今湖南寧遠縣南），雨從郊市。雲從山出，霧從地起。天地相去，有千千萬萬餘里。東西南北，皆有寄耳。」孔子問曰：「汝言父母是親？夫婦是親？」小兒答曰：「父母是親，夫婦不親。」孔子曰：「夫婦生則同衾，死則同穴，何得不親？」小兒答曰：「人生無婦，如車無輪。無輪再造，必得其新。婦死更索，又得其新。賢家之女，必配貴夫。十間之室，必得棟樑。三窗六牖，不如一戶之炎。眾星朗朗，不如狐月獨明。父母之恩，奚可失也。」孔子歎曰：「賢哉賢哉！」小兒問孔子，曰：「適來問橐，橐一一答之。橐今欲求教夫子一言，明以誨橐，幸請勿棄。」小兒曰：「鵝鴨何以能浮？鴻雁何以能鳴？松柏何以冬青？」孔子答曰：「鵝鴨能浮，皆因足方。鴻雁能鳴，皆因頸長。松柏冬青，皆因心堅。」小兒答曰：「不然，魚鱉能浮，豈皆足方。蛤蟆能鳴，豈因頸長？綠竹冬青，豈因心堅？」小兒又問曰：「天上零零有幾星？」孔子答曰：「適來問地，何必談天？」小兒曰：「地下碌碌，有幾屋？」孔子曰：「且論眼前之事，何必談天說地？」

小兒曰：「若論眼前之事，眉毛中有幾枝？」孔子笑而不答，顧謂諸弟子曰：「後生可畏！焉知求者之不如今也。」於是登車而去。

詩曰：「休欺年少聰明子，廣有英才智過人。」

談論世間無限事，分明古聖現其身。

一說「孔子並非儒家思想始創人」

在古代，韓國也是深為重視中華文化影響的國家之一。直到清代，奉祀天后（媽祖）的習俗也傳到韓國，均被供奉為海神、神明。歷代以來，韓國都有一些漢學家，注重漢學訓詁文字，考訂名物制度，重實證而輕議論，考究儒學，對整理古籍，自群經至於子史，辨別真偽，往往突過前人。瑞典語言學家高本漢也是漢學家，研治中國文史，尤致力於漢語音韻訓詁的探究，曾著有《中國音韻學研究》、《漢語中古音與上古音概要》、《漢文典（修訂本）》、《中日漢字形聲論》、《論漢語》、《詩經研究》、《漢語音韻史綱要》、《原始漢語是屈折語》等，並將《詩經》譯成英文，可謂著作等身，是精通漢學的著名學者。

日本自唐初，便對漢學高度重視，曾多次派遣唐使到長安。留學生、僧侶、商人接踵而至。僧人稱鑒真為律宗初祖，亦稱「大唐和尚」、「過海大師」。唐天寶元年（742 年），鑒真應留學僧榮睿和普照之請赴日本弘布戒律，五次東渡未成，其間雙目失明，榮睿亦身亡。天寶十二年（753 年），日遣唐使藤原清河等人到揚州再次邀請，鑒真「白頭不變，遠涉滄波，以驚人毅力六次東渡，終在次年抵

秋妻屋浦（今日本九州南），第二年入首都奈良東大寺。天皇下詔：『自今以後，授戒傳律，一任和尚』」，並授予「傳燈大法師」位，建成戒壇院，又仿唐建築造唐招提寺為傳戒基地。鑒真還把中國建築、雕塑、美術和醫藥傳到日本。1980 年，日本佛教界奉鑒真塑像到揚州大明寺「探親」，說明兩國文化源遠流長。日本漢學人才亦輩出，今漢學家小稻義男、岩崎民平等均是。

　韓國祥明大學中國文學系教授全經一對漢學的研究造詣極深，對儒家思想的探究頗有建樹。他認為儒家思想並非由孔子或某個人創造或整理而成，所以孔子不是儒家思想的創始人。儒家思想是在中國當時的政治和社會環境下逐漸形成的。他指出，儒家學說的核心是「仁」，這一個漢字於孔子的年代尚未出現。

　全經一的論點明確，論據確鑿而有力，能夠做到言簡意賅，字字珠璣，擲地有聲。這的確是獨到之見，也有待學者們進一步研究與探討。

十 帝王

古代稱帝王為「后」

在古代,「后」代表男性,專指帝王,是帝王的突出象徵,是天子的專稱,是掌握生殺予奪權力至尊無上的化身。

許慎《說文解字》曰:「后,繼君體也。像人之形。施令以告四方」,「發號者,君後也。凡后之屬皆從后」。

《詩經·商頌·玄鳥》:「商之先后,受命不殆,在武丁孫子。武丁孫子,武王靡不勝。」翻譯成現代文為:商朝的先王,受了天命不至危殆,有武丁這孫子在。武丁這孫子,武王湯的事業沒有不能勝任。

顯然,這裏的「先后」指的是「先王」,而不是先和後,也不是前後相繼。鄭玄箋曰:「后,君也。」現代漢語「先後」是方位詞,「後」與「前」相對。

古代的天子及列國諸侯皆稱後。《書·仲虺之誥》:「徯予后,后來其。」后,在此指君。《書·舜典》:「五載一巡守,群后四朝。」

后，在此指諸侯，「後王」即天子。《書・說命》:「樹後王君公，承以大夫師長。」

唐柳宗元《天對》:「寒譏婦謀，後夷卒戕。」寒，寒浞。後夷即后羿。后羿是上古夷族的首領，善射。相傳夏太康沉湎於遊樂，羿推翻其統治，自立為君，號有窮氏。後來為其臣寒浞所殺。寒浞是夏代人，相傳居於寒，猗姓，善讒，為其君伯明所逐，投有窮氏后羿，得重用。羿奪得夏君位，任寒浞為相。浞利用家眾，殺羿代立，又占羿之妻妾，生二子澆及豷。澆又攻殺夏后相。浞後為夏后相之子少康聯合部族攻滅，恢復夏王朝。

后辛即殷紂王。屈原《離騷》:「後辛之菹醢兮，殷宗用之不長。」

后帝即天，即昊天上帝。《詩・魯頌・閟宮》:「皇皇后帝。」

「後」是一個會意字，亦稱「象意」，六書之一。《說文・敘》:「會意者，比類合誼，以見指。」指利用的字，依據事理加以組合，表示出一個新的意義的造字法。如人言為「信」，「信」字由「人」字和「言」字組成，表示人說的話有信用。同樣，「後」字在甲骨文裏是依據「司」字創造的，把「司」字反過來書寫，再賦予新的讀音，就成為「後」字。在鍾鼎文中「后」字出現的頻率很高。夏朝王室出身於司空的家族，子孫後裔不敢與皇祖大禹比肩等列，就知趣地自貶一級，將「司」字反過來寫，自甘以「后」自稱。

周朝以前，「后」是帝王的專稱，其它人不得染指。帝王的妾只

稱為「妃」。

妃，配偶。《左傳》桓二年：「嘉偶曰妃，怨偶曰仇。」後來「妃」用於專指皇帝的妾，以及太子、王侯的妻。《左傳》隱元年：「惠公元妃孟子。」

「后」作為帝王的專稱經歷過 360 多年之久，自周朝始才將「妃」改稱為「后」。到了秦始皇統一中國後，天子稱皇帝，皇帝的正妻為皇后。

皇帝是封建時代君主的稱號。秦以後天子始稱皇帝，《史記‧秦始皇紀》二六年：「王曰：去泰，著皇，採上古帝位號，號曰皇帝。」

皇后本指君主。皇，意為大；後，意為君。《書‧顧命》：「皇后憑玉幾，道揚末命。」秦以後天子稱皇帝，後遂稱皇后。《史記‧文帝紀》元年：「三月，有司請立皇后。薄太后曰：『諸侯皆同姓，立太子母皇后。』」皇帝之母為皇太后，祖母稱太皇太后。

話分兩頭講，再說「後」。

《說文解字》：「後，遲也。」

後是指位置在後，與「前」相對。《論語‧子罕》：「瞻之在前，忽焉在後。」又指時間較晚，與「先」相對。也指後代，子孫。還指落後。可見「后」與「後」在古代是風馬牛不相及的兩個字。「後」是方位詞，詞語有先來後到、後來居上、後發制人等。

元朝皇帝陵墓緣何無覓處

　　陵墓即古代帝王或諸侯的墳墓。張衡《西京賦》：「若歷世而長存，何遽（驚慌）營乎陵墓。」亦泛指墳墓。郎英《七修類稿‧葬》：「胡人之葬，務平實其地，望之則曰陵墓在焉。」今多指領袖及革命烈士的墳墓。

　　陵墓與陵園大同小異。陵園本指帝王或諸侯的墓地。《晉書‧琅悼王煥傳》：「營起陵園，功役甚眾。」現泛指以陵墓為主的園林。

　　歷朝歷代的皇帝擁有至尊無上和生殺予奪的特權，身後也榮耀無比，故一般都有壯觀的陵墓與陵園。只有元朝的十多個皇帝都沒有留下一個陵墓。其實並不是沒有，而是沒有發現，這就構成了一個千年未解的歷史謎團，讓世人捉摸不定。

　　明浙江龍泉人葉子奇，元末，朱元璋軍入處州，上書請以「龍鳳」繼宋正統，以薦授巴陵主簿。洪武十一年（1378 年）以事牽連下獄，旋得釋。著有《草木子》、《太玄本旨》、《靜齋集》。

　　葉子奇自謂與草木同腐，故名。其書涉及天文、律曆、醫卜、農圃、昆蟲、卉木、詩文、掌故等，文筆通透清峻。所記元末紅巾軍起事史蹟，多為他書不載。《草木子》中記載：元朝皇帝駕崩，用欀木（常綠喬木）兩片，鑿空其中，類人形大小合為棺，置遺體其中……加髹漆（塗上漆），畢，則以黃金為圈，三圈定（箍緊兩頭和中間），

然後，掘深溝一道埋葬，「以萬馬蹂之使平，殺駱駝於其上，以千騎守之。來歲草既生，則移帳散去，彌望平衍（滿眼平坦廣闊），人莫知也。」

當年的「一代天驕」成吉思汗在征戰西夏途中病逝於甘肅清水縣，後靈柩被秘密護送，為了做到秘不發喪，沿途遇人便殺，後埋葬在不兒罕山的起輦谷，就是採用這種方式下葬的。成吉思汗臨終時吩咐：「我死後要秘不發喪，以免被敵人知悉；待西夏國王和居民在指定時刻出城時，立即全部把他們消滅。」遵照他的遺囑，他的遺體被送回蒙古故土，葬於不兒罕山。陵墓向北深埋，以萬馬踏平。後人在鄂爾多斯（伊克昭盟）修建了「八間白室」，人稱「成吉思汗陵」。

元至元三年（1266 年），元世祖忽必烈追謚成吉思汗為「聖武皇帝」；元至大二年（1309 年），加謚為「法天啟運聖武皇帝」，廟號「太祖」。

成吉思汗陵園主體是三座相連的蒙古包式大殿，雍容大方，嵯峨聳立，分外壯觀。殿內有歷代相傳成吉思汗使用過的馬鞍等珍貴遺物，殿外有大汗作戰時用過的大戰車及各種兵器。

南宋文人墨客短篇記錄體裁的文章也有隨筆記錄：成吉思汗是蒙古汗國的締造者，連年鞍馬勞頓，病勢加重，1277 年 8 月 18 日在甘肅東部山區渭河北面的清水縣病逝，終年 66 歲，其遺體被運往漠北肯特山麓，在地表挖掘深坑密葬。其遺體存放在一個將大樹中間掏空做成的圓形棺內。下葬獨木棺後，堆上土，然後萬馬踏平，又以帳篷將周圍地區圍圈起來，等墓葬地面上長出青草，與周遭的青草無異，

不露蛛絲馬蹟之後，才把帳篷撤走，這樣墓葬的準確地點就不易洩露。全體工程完成之後，蒙軍才在墓葬地表宰一頭幼小的駱駝，此時，陪伴這小駱駝而來的母駱駝就會大叫哀鳴，哭聲淒切哀傷，哀痛欲絕，同時記住這個地點。蒙軍次年來祭祀的時候，也把這頭母駱駝牽來，母駱駝找到小駱駝被殺死的地點，便立即涕淚俱下，痛楚不堪。蒙軍也就不費吹灰之力準確無誤地找到墓葬的地點。

駱駝是沙漠之舟，其壽命只有 30 歲左右，不會比人的壽命更長。被動地依賴它尋找墓地，此說令人質疑。蒙古人生活在「天蒼蒼，野茫茫，風吹草低見牛羊」一望無垠的大草原上，他們逐草而居，居無定所，過著游牧生活，自古以來的風俗都是喪葬從簡。他們坐在馬背上進行軍事擴張，迫降畏吾兒，滅亡西遼，臣服西夏，擊敗金朝，使他們的牧場擴展及大半個世界。成吉思汗對內征討，伐夏滅金，對外興兵，遠征歐亞，他的臣民遍佈歐亞各國，在這戰爭擴張的戎馬倥傯歲月，喪葬儀式尤為從簡。每當下葬之時，他們讓死者坐在生前用過的帳篷中央，讓送葬的人祈禱，向神默告自己的願望，懇切地希望神保祐平安和指點迷津。隨葬物有馬匹、弓箭以及擺放有肉乳的桌子，均葬入土中。希冀死者到另一個世界去生活時，有馬騎，有帳篷住，有肉乳吃，同樣過著人間的生活。這就是他們「送終的形式」。

成吉思汗病逝之後，眾子遵照父親的聖訓，由三子窩闊台繼承大汗位。他聯宋滅金，南伐西征，重用「治天下匠」治國，雖無更大作為，但忠誠地繼承乃父大業，堪稱「守成令主」。按照蒙古族習俗，皇帝駕崩免用棺槨，只用棕木兩片，鑿空其中，將遺體裝在裏面，經

鬆漆後，送至起輦谷下葬，進入深坑，地面填土後，又用萬馬將土堆蹴平，並派兵封鎖。直至青草長成，看不出絲毫破綻之後為止，因此後世很難發現其墳地所在。

忽必烈是元朝第一代皇帝，又稱「薛禪皇帝」，是成吉思汗的孫子。終年 80 歲，諡號「世祖」。

忽必烈從小就接受劉秉忠、郝經兩位老師的教育：「古人云：『以馬上取天下，不可以馬上治。』成吉思汗騎馬揮鞭，叱吒風雲，滅 40 國，沒幾年就取了天下。但是治理國家還要靠典章制度，三綱五常。」「今天誰能重用士大夫，又能推行中國原有的治國之道，誰就能當中國的皇帝。」這一席話說得非常到位，忽必烈從小就將其銘刻於心。

劉秉忠是元邢州人，初名侃，字仲晦，曾為僧，法名子聰，號藏春散人。博學多藝，尤邃於《易》及邵雍《皇極經世》。初為邢臺節度使令史，尋棄去，隱武安山中為僧。乃馬真後元年（1242 年），忽必烈在潛邸，召留備顧問。上書數千百言，引漢初陸賈「以馬上取天下，不可以馬上治」之言，陳說天下大計。憲宗時，從滅大理，每以天地之好生，力贊於上，所至全活不可勝計。及即位，秉忠採祖宗舊典宜於今者，條列以聞。中統五年（1264 年），還俗改名，拜太保，參領中書省事。建議以燕京為首都，改國號為大元，以中統五年為至元元年。一代成憲，皆自秉忠發之。卒諡「文正」。

乃馬真後是元太宗皇后，名脫列哥那。本蔑裏乞部長帶兒兀孫妻。成吉思汗滅蔑裏乞部，以乃馬真為子窩闊台妻。太宗卒，後稱

制，用奧都剌合蠻執政。乃馬真後五年（1246 年），召開「忽裏勒臺」，推長子貴由為大汗。旋卒，諡「昭慈皇后」。

忽裏勒臺亦稱「忽鄰勒臺」、「庫裏爾臺」，蒙古語「聚會」之意，原為蒙古部落議事會。蒙古興起後，「忽裏勒臺」成為選舉大汗和決定軍國大事的皇族式代表會議。成吉思汗即通過會議受擁戴即位。

郝經是元澤州陵川人，字伯常。金亡，徙順天，館於守帥張柔、賈輔家，博覽群書。應世祖忽必烈召入王府，條上經國安民之道數十事。及世祖即位，為翰林侍讀學士。中統元年（1260 年），使宋議和，被賈似道扣留，居真州十六年方歸。旋卒，諡「文忠」。為學務有用，及被留，撰《續後漢書》、《易春秋外傳》、《太極演》等書，另有《陵川文集》。

劉秉忠是足智多謀、滿腹經綸的還俗和尚，郝經是位博覽群書、才氣超群的大儒，忽必烈受他們宣教漢學之後，獲益匪淺，即位之後實行漢法，他們便成為忽必烈幕府決策中心的核心人物。忽必烈「思大有為於天下」，為了成就大業而求賢若渴，招聘了一批名士學者、宰輔之器、將相之才，使金蓮川幕府成了人才薈萃之地、將才雲集之都，英才濟濟一堂。忽必烈即大汗位前，曾主管整個黃河以北地方的軍事、行政事務，設府於漠南金蓮川。

蒙古人能用武力征服漢人，但在埋葬死者等喪事方面也受到漢族習俗的影響，也以棺材裝殮死者。但同中有異，死者入殮後，兩塊棺木相合，又形成圓木一棵，再「以鐵條釘合之」。漢人的棺材是用六

塊木板造成的，包括一蓋、兩幫、一底和兩堵，這兩堵美稱彩頭和彩尾。「彩」是指好運氣，即死者自此仙逝享清福去了。棺蓋板稱為「天」在上，棺底板稱為「地」在下。天即乾，地即坤。左右兩幫稱為日、月。這天、地、日、月四塊板是長材，而頭腳兩堵板是四方形短料，總共六塊板。今天的一些棺材店亦避諱為「別有天」或「壽屋」、「壽木」。生前預制的棺材叫做「壽材」。宋王鞏《隨手雜錄》：「先是十年前，有富人治壽材。」漢人生前所造的墓穴叫「壽冢」，又稱「壽穴」。《後漢書·侯覽傳》：「又預作壽冢，石槨雙闕，高廡百尺。」《注》：「生而自為冢為壽冢。」

蒙古人所用的壽衣均為日常所穿的衣服，陪葬的器物也儉樸而少，多是死者生前所喜愛的武器弓箭、刀劍等。

壽衣是裝殮死人的衣服，老年人往往生前做好以備身後用。

元朝的皇帝死後都要舉行一個下葬的儀式，只是比貴族的較為隆重一些，殉葬物也多一些，僅僅規定在下葬時拒絕漢族官員參加。

忽必烈生前極其關心自己身後事，對元朝的皇陵都作過周到而細密的計劃與安排，主要是防止盜墓賊盜取隨葬的器物。為此，他精心選擇了一個人口稀少而又僻靜的風水寶地以作陵寢。

同時將當地全部人口遷徙，讓這個地方變成人們無從知曉的神聖空白地帶，這不能不說是他的神機妙算。

風水亦稱「堪輿」，是人們的一種迷信，認為住宅基地或墳地周圍的風向水流等形勢，能招致住者或葬者一家的禍福，也指住宅、相

墓之法。《葬書》（舊本題晉郭璞撰）載：「葬者乘生氣也。經曰，氣乘則散，界水則止，古人聚之使不散，行之使有止，故謂之風水。」「堪」為高地，「輿」為下處。《史記‧日者列傳》：「孝武帝時聚會占家問之，某日可取婦乎？」五行家曰可，堪輿家曰不可。

寶地指地勢優越或物資豐富的地方，即寶貴的膏腴之地。

選擇風水寶地一般都是風水先生所司。風水先生又稱「陰陽家」、「陰陽」、「陰陽先生」，舊時指以「擇日」、「星相」、「占卜」、「風水」等為職業的人，並特指以辦理喪葬中「風水」、「

擇日」等活動為業的人，俗稱「風水先生」。

元朝皇帝和皇族死後，都與漢人用土葬同。漢人今提倡火葬，以免死人與活人爭土地，佔用良田。火葬也衛生和文明，又稱火化，即用火焚化屍體。火化是自古以來就有的，洪邁《容齋續筆民俗火葬》：「自釋氏火化之說起，於是死而焚屍者所在皆然。」火葬最早盛行於古印度。《立世阿毗曇論》卷六：「剡浮捉人，若眷屬死，送喪山中燒屍棄去，或置水中，或埋土裏，或著空地。」《大唐西域記‧印度總述》：「送終殯葬，其儀有三：一曰火葬，積薪焚燎；二曰水葬，沈流漂散；三曰野葬，棄林飼獸。」後隨佛教傳入中國。《高僧傳‧鳩摩羅什》：「〈鳩摩羅什〉卒於長安……依外國法，以火焚屍。」顧炎武《日知錄‧火葬》：「火葬之俗，盛行於江南，自宋時已有之。」

元朝皇帝和皇族的墳墓不在地面上建造大規模的紀念碑、壽宮、壽堂、墓表、墓門、墓道、墓碑、墓碣、墓厲、墓廬，也沒有墓誌

銘，也不栽墓木，不設功德碑坊，不留給盜墓者發現的蛛絲馬蹟。

元朝皇帝去世後，對外放出假新聞，大肆宣稱皇帝遺體已運回漠北進行安葬。

漠北，古代泛稱蒙古高原大沙漠以北地區。

對於皇帝下葬的地點，史書上往往只有捕風捉影、似是而非的簡單記載，或是只記載蒙古貴族和皇族清楚的地名，讓人感到與普通的墳墓毫無二致；再加上陪葬物又極少，以達到以假亂真、以真亂假、真真假假、假假真真的目的，既瞞騙盜墓者，又耍弄了普通的人，以至於讓人感到元朝沒有皇帝的陵墓。其實並不是沒有，而是無從覓處，沒有發現。這也許才是真正的入土為安。

記亡國之君崇禎

　　明天啟七年（1627 年）八月二十二日申時，統治天下七年的只知遊樂之徒，酷好木工技術，把國家大事拋在腦後，讓乳母客氏與宦官閹黨狼狽為奸的明帝國第十五位君主朱由校死了。不久，人們又見一隊儀仗由塗文輔領著出了宮門，直往信王府。接著便前呼後擁地簇擁著一個十七歲的青年人，在暮色的籠罩下進入紫禁城，登上了金碧輝煌的皇位寶座，他就是朱由檢，也就是明思宗，年號崇禎。

　　塗文輔，明天啟時人，諂附魏忠賢，為客氏子侯國興授讀。天啟初入宮，為司禮監秉筆太監。歷掌御馬監，總督太倉、節慎二庫，權勢出群閹上，奪故寧安大公主第為廨署。崇禎立，後謫死於南京。

　　朱由檢的父親雖然生了五個兒子，但能長大成人的只有由校和他兩個（同父異母），其它均夭折。熹宗的張裕妃身懷六甲，被客氏活活餓死。皇后張氏已懷孕數月，客氏害怕皇后生下麟兒後地位更加穩固，便威逼利誘皇后身邊的宮女，讓其伺機下手，務必設法使皇后流產。

　　一日，皇后腰痛，命宮女替她捶腰，宮女見了千載難得的機會，便暗中做了手腳，竟將胎兒捶傷，致胎死腹中，讓其圖謀得逞。次日，皇后果然流產，從墜落的血塊可分辨出是一個皇子。從此，熹宗不再有子嗣，總共三子都夭折。

客氏進行了兩宗暗殺大案。

麟兒，麟子鳳雛，喻貴族子孫。

由於熹宗絕後，皇位的繼承權非由檢莫屬。這是天命的降臨，是由檢早就看到的了。

朱由檢接手的是一個不易收拾而又難於整頓的爛攤子，千瘡百孔。他受命星夜入宮，不敢進食，心驚膽戰地戒備，秉燭達旦以防不測。皇宮內院充滿了恐怖、緊張而又肅殺的氣氛，可見臣僚爭權奪勢你死我活鬥爭形勢的惡劣與激烈。

朱由檢即位之後，看到工作千頭萬緒，雜亂如麻，不知該從何做起。他要發揮自己的聰明才智和膽識，撥亂反正，整飭陣容，整肅法紀，整頓朝綱，清除魏黨，總攬朝政，挽救日漸式微的明朝政權。

但魏黨的羽翼已豐，要剷除這股勢力談何容易，而且自己還是一個「光棍司令」，手中並無一人，操切從事會物極必反，魏黨勢必孤注一擲，進行瘋狂的反抗，走投無路時便狗急跳牆。所以務必慎之又慎，耐心地等待時機的到來。因此，目前還不能打草驚蛇，對魏黨要暫時麻痹，使之失去警惕。第一要務便是將全部精力投入到治理國政中去。一是削減龐大的軍費開支，二是削減宮室和百官俸祿的成倍增加，才能克服由此造成的入不敷出、寅支卯糧的弊端。

天啟以降，全國不斷鬧災荒，人民遭受深重的災禍，大批大批的人口流離失所，到處逃亡，顛沛轉徙。有的成為流寇，有的轉死溝壑，社會動盪不安。

陝西所遭受的災殃尤甚，災民更慘，大旱連年，赤地千里，已出現了人食人的慘況，正是十有九戶已倒懸，一戶正在風中燭。已經構成一個激烈衝突的氣氛，猶如一個火藥庫，隨時都可能引發爆破。朝廷加派的捐稅賦餉，更逼得人民走投無路，只得舉起義旗，鋌而走險。故狼煙四起，烽火連年。自萬曆末年起，東北建州的女真主要部族被努爾哈赤和皇太極統一，建立了後金政權後，不斷起兵發難，經常侵擾明邊，發動叛亂。明朝以大量的兵力及帑藏金帛拋到遼東，仍未能平息亂局。這些雜亂如麻的棘手問題，更使由檢心慌意亂，又心急火燎。

　　自天啟七年（1627 年）八月始，由檢便下詔諭通告天下，罷除不為皇室急需的勞役，與民休息，保養人口，並停止一切土木興建，厲行節約，節省了宮廷大量的食用開銷。又撤回了天下鎮守的太監，嚴禁宦官干政，嚴禁官僚太監相互勾結。向邊陲駐軍發放糧餉，穩定軍心。建立完善的監察制度，禁止官僚結黨營私以謀取私利。又下詔免除災區地方賦稅，銳意進行革故鼎新。這樣又取得了臣民對朝廷已失去的信心，人人都看到光明和希望之所在。

　　由於後金的不斷侵犯，明朝不能坐視不顧，解決遼事便成為當務之急。這一方面具有恢復故土，重振大明帝國之威的重大意義；另一方面，盡快結束戰事，又可節省大批軍餉軍械，即各種槍械、火銃及其配件、附件等軍需物資和器材的開支，解決國家財政困難問題。在一批重臣的推薦下，崇禎帝便拔擢了前任遼東巡撫袁崇煥擔當「平遼事」這一重大使命。天啟年間，袁崇煥久鎮遼東，對敵我情勢了然在胸，儘管山川險峻，但他胸懷韜略，屢建奇功，威名遠播。後金攻無

不克、無堅不摧的八旗鐵騎遇到了勁敵，遂由攻勢轉為守勢。袁崇煥大滅了敵人的銳氣，大長了明軍的威風，遼軍對袁崇煥不敢再言戰。

崇禎元年（1628 年）四月，崇禎帝任命袁崇煥為兵部尚書，督師薊遼。出師前崇禎帝召見了他，袁陳述平遼方略，誓言「五年全遼可復」的雄心壯志，但吐由衷之語：「以臣之力，制全遼有餘，調眾口不足。一出國門，便成萬里。忌能妒功，夫豈無人。」崇禎起立傾聽其傾吐衷腸，立即表示：「卿勿疑慮，朕自有主持。」且曰：「你能五年復遼，朕決不吝惜封侯之賞。」

對國政的初步治理，使崇禎的皇位初步穩固。他立即騰出手來解除客魏集團的威脅。他內心甚急，表面極冷，採取先穩住他們的陣腳，然後再逐個擊破的方針以減少阻力，最後剷除這個作惡多端的集團。

朱由檢對魏忠賢的態度不冷不熱，魏忠賢預感前景不妙。為了試探清楚由檢的態度，便對由檢進行「摸底」，提出辭去東廠職務的請求。由檢仍不動聲色，但也沒有批准。接著，客氏提出出宮，由檢即刻表示同意。次日凌晨，客氏穿上喪服，將她保存的由校胎髮、指甲焚化在由校靈前，呼天搶地痛哭一場，才離開紫禁城，住進了由檢賜給她的府第。

此時，魏的黨羽心慌意亂又心驚肉跳，深感大禍即將臨頭，便逐漸分化瓦解，有的忙於尋找退路，以便有個迴旋的餘地。自魏黨黨內開始分化後，便各敲各的鑼，各唱各的戲，分道揚鑣，如泥牛過水各顧各。

非屬魏黨的官員也開始行動起來，揭發其兇殘險惡的罪行。海鹽貢生錢嘉徵，選授福建松溪知縣，劾魏忠賢十大罪，要求將魏忠賢明正典刑，以洩天下之憤。崇禎命人讀疏折給魏忠賢聽。魏忠賢知道自己將面臨悲慘的下場，立即託詞染病為由，提出辭去東廠的職務。由檢命他出宮靜心調養身體，隨後傳令將魏忠賢集結在宮中的軍士解除武裝，除掉心腹之患。該疏隨之為世人傳誦。

接著，崇禎帝又下令調查事實真相，點了幾個魏黨首惡分子的名。

崇禎接著下詔，將魏忠賢的罪行公佈於天下，並宣佈本應將其寸斫（用刀斧砍成肉醬）以謝天下，念先帝還未出殯安葬，姑且安置於鳳陽守祖墳。籍沒客魏二犯全部家產，革除晉封的爵位，子孫人等均充軍至煙瘴之地。

煙瘴，即瘴氣，舊時借指中國西南極邊遠的地方。《明史·刑法志一》：「崇禎十一年，諭兵部編遣事宜，以千里為附近，二千五百里為邊衛，三千里外為邊遠，其極邊煙瘴，以四千里外為率。」《清會典·兵部·五刑充軍》：「軍罪凡五等，曰附近，曰近邊，曰邊遠，曰極邊，曰煙瘴。」

魏忠賢帶著一批人和車輛離京。崇禎帝又以此為由，令兵部派人押他至鳳陽。當他到阜城縣時，聽到崇禎的詔令，知道死期即將到來，連夜畏罪投環自殺於旅舍。死黨崔呈秀在薊州家中聽到魏忠賢的死訊，亦自殺身亡。此所謂「多行不義必自斃」。

崔呈秀為魏忠賢養子，兩人內外勾結，翻「梃擊」、「紅丸」、「移宮」三案。又屢興大獄，打擊東林黨人。時稱「五虎之首」，朝士多附之。官至兵部尚書兼左都御史。

魏忠賢死後次日，客氏被押往浣衣局打死。接著，客魏兩家子孫人等皆被斬首，此所謂「禍延子孫」。

此時的崇禎並不以為從此天下太平無事而高枕無憂。內閣、六部、各院寺要員仍是魏黨幫兇，他們仍身居要職，暫且穩住陣腳，伺機而動，準備報復。

崇禎便掌握火候，一不做二不休，下令逮捕魏黨主要干將「五虎」和「六彪」，交司法議罪。此所謂「罪有應得」。

為了除惡務盡，崇禎又雙管齊下，拔擢四批給事中、御史共 132 人。對被魏忠賢害死、蒙受不白之冤者和被削職的官員，該平反的平反昭雪，使之申冤吐氣，該起用的重新大膽任用。

就在此時，崇禎犯了一個原則性的大錯誤。袁崇煥受命出關之後，整備兵力，整飭陣容，操練兵馬，修築工事，修繕城堡，使山海關一線的防務工程固若金湯。皇太極無懈可擊，在徒歎奈何之餘，決定從別處進犯入關，對關內進行騷擾，使不安寧。更惡毒的是，皇太極想方設法除掉袁崇煥，根除這一危險的敵手。

崇禎二年（1629 年）十月，詭計多端的皇太極派十數萬精兵分道從龍井關（今河北遷西縣西北龍井關）攻薊州。大安口（今河北遵化縣北）即被攻破，連下遵化等名城。明朝山海關左都督趙率教回師

救援遵化，中流矢死，全軍覆沒。袁崇煥聞報，日夜兼程，水陸俱進回救，駐紮於通州（今北京市通縣）。但金兵又繞開袁崇煥，直撲北京。

崇禎任命大同總兵滿桂率師入衛京畿，拜武經略，盡統入衛諸軍，與袁崇煥分別把守安定門（又名驢坊村，在今北京市大興縣東南）、廣渠門，擊潰了金兵的多次襲擊。崇禎親自召見袁崇煥表示慰勞，脫下身上穿的貂裘賞賜他，並對其部下將領一一賞賜。

崇禎二年十一月底，袁崇煥大破金兵於東便門，自己的部隊也損失大半，再加上補給彈藥、糧草不及時，袁兵疲頓不堪，利用空隙要求入城稍為休整。正當此時，橫禍已臨頭，崇禎中了皇太極的反間計，從內部獲得一個虛假的情報。

皇太極蓄意在營中廣布流言，宣傳已與袁督師有密約，袁督師有意讓開一條路給他們攻入北京。讓兩個從北京城下被俘虜的太監聽聞，然後釋放他們。太監返回宮內便如獲至寶，急急匆匆地把這個消息向崇禎報告。崇禎心中本來就對袁有一肚子怨氣，袁曾信誓旦旦五年內擊敗金兵，恢復遼土，至今遼土未復反而把金兵引至家門口。他聽到這個突如其來的消息，心中未免滿腹狐疑，越想越信以為真，就於崇禎二年十二月一日密詔逮捕袁崇煥歸案。袁兵群龍無首，亂成一鍋粥，隨即大潰，後為孫承宗收撫。次年，承宗收復遵化等四城。十二月中旬，滿桂以中使出戰，力戰死。孫承宗督率各鎮援兵努力奮戰，後克敵制勝，解除京師之圍，力挽狂瀾於既倒。後金兵在京畿大肆搶掠，至次年五月間才敗退撤出關外。後來，大淩河（今遼寧大淩

河）等地失守，群臣歸咎承宗築城之計，引疾歸。

後金兵敗走之後，崇禎壓不住心頭的怒火，便下令將袁崇煥斬死，戴謀劃判罪。這無異於自毀長城。

想當年袁崇煥貴為座上客，被崇禎任兵部尚書，督師薊遼，又賜給他尚方寶劍，讓他方便行事。

尚方，官名，掌管供應製造帝王所用器物，也作上方。上方劍，皇帝用的劍，故有斬馬劍，劍利可以斬馬。

但此一時彼一時，崇禎聽到流言飛語，說袁擁兵縱敵，與後金已訂城下之盟，勾結敵人，逮捕下獄，淪為階下囚。崇禎的致命傷是狐疑，但他疑人又用，用人又疑，剛愎自用，朝令夕改，反覆無常，再好的良將也難免性命懸於旦夕。

千軍易得，一將難求，眾將易得，主將難求。斬了袁崇煥，崇禎只消了一口怨氣。但快心事過恐生殃，無限的苦難與屈辱正在等待著他，只爭來早與來遲罷了。這無人逼他，咎由自取耳。他在歷史上已犯下一件大蠢大辱之錯誤，最後釀成國破家亡身死名裂的大悲劇。嗚呼哀哉！

再說，崇禎即位之時，賦稅已經沉重，人民負重不堪，民不聊生，哀鴻遍野。再加上不斷嚴重的災殃，許多地方「炊人骨以為薪，煮人肉以為食」的慘狀時有發生。僅過了三年的時間，即崇禎三年（1630 年），崇禎又宣佈加派田賦以充軍餉，每畝在原來已加銀 9 釐的基礎上，再加 3 釐，大肆橫征暴斂人民財產。崇禎十年（1637 年）

又在田賦中增加剿餉；崇禎十二年（1639 年），又徵銀 730 餘萬兩；次年又頒令徵收關稅銀 20 萬兩。這對人民來說無疑是雪上加霜，苦不堪言，痛不欲生，最後被逼上梁山，斬木為兵，揭竿為旗，鋌而走險，紛紛爆發農民起義，甚至驛卒、士兵亦暴動。

崇禎十三年（1640 年），李自成揮師自陝東進，直向河南。次年直搗中原兵家必爭之地洛陽。崇禎之叔父、福王朱常洵被處死。

朱常洵為明宗室，神宗第三子，鄭貴妃所出。萬曆二十九年（1601 年）封福王，婚費三十萬，營洛陽邸第費二十八萬，十倍常制。萬曆四十二年（1614 年）始令就藩，賜莊田四萬頃，以廷臣力爭，減半。河南田不足，取山東、湖廣田益之。日閉閣飲酒，好婦女倡樂。時河南大旱兼蝗災，將士過洛陽者，喧言：「王府金錢百萬，而令吾輩餓死。」王聞之，不以為意。

李自成處決朱常洵後，開倉賑災，大得人心。起義軍已發展至百萬之眾，成為明朝的掘墓者，成了明帝國的心腹之患。

與此同時，後金進犯錦州，崇禎急派薊遼總督洪承疇率八總兵援錦州。洪採取穩紮穩打、步步為營的戰術，行動十分謹慎，防備極其嚴密，以守為戰，屢敗清軍。皇太極非常無奈，急得憂憤交加，最終嘔血。但崇禎倔強固執，性情急躁，又急急巴巴地下密詔，命洪承疇速戰速決、以解除錦州之圍，迅速消滅清軍。有道是「將在外，君命有所不受」。但洪承疇迫於壓力，也急急如律令，立即遵命改變戰術，親自率軍六萬先行，被皇太極的清軍圍困於松山（在今遼寧錦縣西南）。次年，城破被俘。此時錦州後援已絕，洪孤軍作戰，只能舉

城投降，使清軍排除掉入關的一大障礙。明朝內外交困，危機四伏，江河日下，危在旦夕。

李自成攻克洛陽之後，張獻忠又拔掉襄陽，活捉了襄王。張獻忠端起酒杯，得意洋洋地對襄王說：「請親王痛快地喝下這杯酒，讓我借殿下的頭殺掉楊嗣昌。」於是斬了襄王。張獻忠一月之內連斬兩個親藩福王與襄王。洛陽福王聚斂無數金銀，襄陽楊嗣昌積蓄的軍馬兵杖也被農民軍繳獲，「洛陽國帑，襄陽軍資」全歸張獻忠與李自成手中。

楊嗣昌剿賊實為趕賊，他的目的是把張獻忠趕回四川去。因此也督師跟在張獻忠的屁股後面，拼命搖戰鼓吶喊，以壯聲勢，並不乘勝追擊。這次楊嗣昌深知崇禎不再給他饒命，免以處死。與其被棄市，倒不如自裁，於是在軍營服毒自盡。

崇禎十六年（1643 年）春，李自成在襄陽稱新順王。後建立大順政權，年號永昌。

同年，張獻忠亦建立政權，稱大西國王，改元大順。

崇禎十六年（1643 年）九月，孫傳庭奉命被動出戰，兵敗汝州，退至潼關而死。這是崇禎手中最後一支王牌軍，也覆沒了。良將被殺的殺、撤的撤，崇禎此時再無良將能派上用場。今只剩下半壁江山，大廈半傾。

崇禎十七年（1644 年）正月初一，京城刮大風，黃霧飛滿天，天昏地黑，飛沙漫天。時政治腐敗，社會混亂，人們自然聯繫起崇禎

八年（1635 年）前義軍攻下朱元璋的老家鳳陽（今安徽鳳陽縣）的事。義軍挖掘朱家列祖列宗的墳墓，讓崇禎痛心疾首，在群臣前痛哭失聲，深知對不起上蒼，有愧於列祖列宗，是不肖子孫，無地自容，連日布衣角帶避殿辦公，以示內心的痛苦煎熬，並親赴太廟，祭告神佛與祖先，深表崇敬並祈求保祐。同時發佈《罪己詔》引咎自責，承擔罪過，昭告內外。後又表示赦免起義農民，企圖分化瓦解敵人。但這一切都無濟於事，農民起義軍猶如野草，野火燒不盡，春風吹又生，正以燎原之勢，鋪天蓋地猛撲過來。

崇禎十七年（1644 年）正月初十，李自成義軍將兵臨城下，崇禎手拿奏疏，心驚肉跳，痛哭失聲地道：「朕非亡國之君，事事皆亡國之象。祖宗天下一旦失之，以何面目見祖宗於地下，朕願誓師親決一戰，身死沙場無恨，但死不瞑目耳！」

大學士李建泰挺身而出，報名請替。李家在山西曲沃，為一方巨富，表示願出私財餉軍，在山西招兵買馬，建立武裝，以抵擋李自成的來勢洶洶。崇禎龍顏大悅，命督師御李自成。但文弱書生，與之謀兵，不若與婦人謀兵。李至保定，降自成。

此時，北京的防禦兵力已大大減弱，唯一能調動的只有把守在寧遠的總兵吳三桂。但這無異於將關外之地拱手讓與清王朝，因此朝臣各持己見，遲遲未能下詔，拖延將近三個月。當時大順軍已攻入山西，北京危在旦夕。這時崇禎才急如星火下令封吳三桂為平西伯，率軍入關保衛京師。但這也為時已晚了。

崇禎十七年（1644 年）二月，國庫已經空空如也。為了解決燃

眉之急，崇禎下令有功勞的皇族親戚和在京的文武大臣解囊捐助，以納銀 3 萬兩為上等。皇后之父周奎，崇禎三年（1630 年）封嘉定伯，賜第於蘇州葑門（今江蘇蘇州市舊城東西南門），子孫十餘人襲錦衣衛，一門貴盛。時崇禎遣內侍徐高密諭奎倡勳戚捐金 12 萬，為百官樹立榜樣。但他只拿出 1 萬，來人含淚而歸。崇禎再次派人向他拿 2 萬。周奎暗中向女兒周後求救，周後給了他 5000 兩，他扣下 2000 兩，僅上交 3000 兩。京師既破，周奎被大順軍拷掠，得銀 53 萬兩，其它財物尚多，以是為人所笑，拔一毛而利天下，不為也。此所謂「為富不仁，沒有好心腸」。

崇禎的嫂子熹宗張惶後之父，天啟初封太康伯，此時拿出 2 萬輸餉，晉爵為侯，京師城破後被殺。文武大臣個個哭窮，捐幾十兩、幾百兩草草應付了事。崇禎見銀兩收不上來，便實行按衙門（舊時官員辦公的機關）分頭分擔攤派，後又改為按籍貫收，規定八千、四千、三千不等。太監也奉命捐助，平時殷實的太監王之心等，此時也拼命哭窮。經過一個多月的反覆折騰，才湊得銀二十餘萬兩。大順軍破城之後，從文武大臣、太監貴族那裏拷掠出的金銀，就有兩千餘萬兩。實際上大臣宦官大都家財萬貫，但個個貪婪自私，離心離德。

時不我待，大順軍的聲勢如急風暴雨般掃來，局勢急轉直下。崇禎為了撫慰人心，又兩次發表《罪己詔》，向天地、臣民表示歸罪於己，且下令停征一切加派，企圖收買人心，鼓動士氣，以作最後掙扎。但這些都無濟於事，一切都太晚了，禍成矣，無可奈何花落去。

崇禎十七年（1644 年）三月十五日，李自成派投降的太監杜勳

前去與崇禎談判，要他遜位，提出雙方中分天下，要崇禎拿出八百萬兩白銀犒軍，雙方才罷兵，握手言和。崇禎含糊其辭，模棱兩可，根本就不願投降。但又想抓住這個喘息的時機，於是令親信太監與杜勳談判，其目的是推拖到勤王之師趕來解圍。群臣束手無策，相對而泣。崇禎歎息：「朕非亡國之君，諸臣盡是亡國之臣。」遂拂袖退朝。

此時已談判破裂。

但李自成這時心急火燎，無心再等下去，三月十八日晚，大順軍大舉攻城，太監曹化淳打開彰義門迎敵，拱手投降。大順軍很快佔領了外城。

崇禎匆匆召閣臣問道：「你們知道外城被破嗎？」閣臣說：「不知道。」崇禎又問：「現在該怎麼辦呢？」眾臣都說：「陛下洪福，自當無患。」崇禎喚臣不應，叫兵不理，深知大勢已去。出宮登上煤山，一眼望去，外邊烽火連天，烽煙四起，不禁仰天長歎，熱淚。他低著頭，默默無語地站著，片刻之後，便行色匆匆地趕去處理後事。

他回到乾清宮，寫了一道諭旨：「命成國公朱純臣提督內外諸軍事，保護太子。」接著讓人叫來太子和永、定二王，看著 16 歲的太子和一個 11 歲、一個 9 歲的皇子，他深感切膚之痛，便派人將三個皇子送往周、田二位皇親家中。並隨手寫了一張詔諭，命百官「俱赴東宮行在」，但都人回報內閣早已空無一人。

崇禎讓太監王承恩給他拿酒來，他自斟自飲。醉後，兩眼惺忪走出宮門，抬望眼，見到烽煙壓頂的紫禁城，感慨萬千。夜以繼日地為

王業嘔心瀝血十七年，慘澹經營十七年，今將毀於一旦，慘不忍睹，慘怛於心。他要像英雄一樣轟轟烈烈地死去，絕不在這個世間遭受羞辱，自己的家小，也絕不讓他們遭受屈辱。他命身邊的太監急速向各宮傳旨，令皇后嬪妃速速自裁。片刻之後，崇禎又來到坤寧宮，見周後哭成了淚人，惺惺惜惜惺惺，兩人淚眼相對，肝腸寸斷。他命周皇后立即自縊身亡。他感到一陣暈厥，搖晃得暈頭轉向，接著「哈哈」一陣狂笑，提劍走出坤寧宮，到西宮催促袁貴妃自殺。袁妃遵命自縊，但從凳子上摔了下來，只有一息尚存。他再咬緊牙關，抽出利劍向袁妃猛力地砍過去。袁妃在血泊中掙扎片刻死去。崇禎又向躲在旁的幾個妃嬪砍去，白刀進去，紅刀出來，個個一命嗚呼。崇禎再奔壽寧宮，見到 16 歲芳齡的長平公主。這是崇禎的掌上明珠，是一塊心頭肉，去年剛在貴族子弟中替她物色了個白馬王子，定下了周氏的公子。由於形勢急轉直下，終身大事暫擱置起來。此時此刻將要亡國，一個少女又怎麼能落荒逃命？崇禎不敢繼續想像愛女的命運，他寧願讓她去死也不忍讓她落入賊手而偷生苟活，使她受盡人間痛苦與羞辱。當他闖入宮時，長平公主已準備自縊，見到父皇進來之時，渾身血跡斑斑，手提寶劍。長平公主大叫一聲「父皇」，就朝父皇撲過來，她牽住父皇衣襟，痛哭不已。崇禎心如刀絞，生怕愛女撲進懷中後難於拔起寶劍，便痛哭著歎了一口氣：「你何故要生在我家！」強忍著切膚之痛，狠下心來揮劍砍去。公主以手臂阻擋，登時倒在血泊中，昏厥過去。崇禎又匆匆趕到昭仁殿砍了三女昭仁公主。

黎明時分，大順軍已攻陷內城。崇禎鳴鐘召集文武百官，竟無一人上朝，便由太監王承恩架著出宮，登上萬壽山，在慌忙奔跑中，他

掉了一隻鞋，血跡斑斑的皇袍也被甩掉了，僅穿有一件寬鬆的內袍。他只見皇城四處烽煙滾滾，遂血書：「朕涼德貌躬，上干天咎，然皆諸臣誤朕。朕死無面目見祖宗，自去冠冕，以發覆面。任賊分裂，無傷百姓一人。」他讓王承恩將白綾一根搭在壽皇殿的梁上，又叮嚀自己死後，王承恩可以逃命，以保全自己。王承恩感激涕零，解除了心中的焦急愁悶。最後他又抬望眼仰視了一下宮城，又極目遠處的熊熊烈火。他已擺脫對世間的一切苦惱，得到自在，聊以解嘲，為己開脫。最後才將白綾環套在脖子上，弔死於壽皇亭。接著王承恩也自縊在亭旁槐樹之上。歷盡滄桑，歷經十六帝，歷時 276 年（1368-1644年）風風雨雨的大明帝國，至此畫上了句號。此時正是 1644 年四月二十五日黎明時分。

崇禎投環身亡之後，清軍很快入關，清廷以柳木將其入殮，厝於寺廟。

因順治帝福臨年幼，多爾袞以皇叔名義代為攝政，獨攬大權，下令以禮安葬崇禎，允許明朝遺老遺少（改朝換代之後仍然效忠於前一朝的老年人及年輕人）哭臨祭奠。

哭臨，帝後之喪，集眾舉哀叫哭臨。臨，即到。

祭奠儀式結束之後，清廷決定將崇禎及周後葬入田妃陵墓，初步預算挖掘墓道、建立碑亭需白銀 3000 兩。清廷從十三陵陵租中撥給 1500 兩白銀，其餘由曹化淳等太監及明朝遺老遺少自籌。

十三陵，在今北京市昌平縣北天壽山南，自明成祖以下十三個皇

帝陵墓在此，統稱十三陵。分別為成祖永樂長陵、仁宗洪熙獻陵、宣宗宣德景陵、英宗正統裕陵、憲宗成化茂陵、孝宗弘治泰陵、武宗正德康陵、世宗嘉靖永陵、穆宗隆慶昭陵、神宗萬曆定陵、光宗泰昌慶陵、熹宗天啟德陵及懷宗崇禎思陵。其中以長陵的規模最大，定陵於1956至1958年發掘。十三陵為全國重點文物保護單位與全國重點風景名勝區。

曹化淳為了掘墓道立碑亭一事，曾頻頻啟奏。多爾袞也多次責成專司的官吏迅速竣工。但事實上仍然拖拖拉拉，到當年十一月二十九日才動工開掘墓道，直到年底才將墓道修成。打開田妃陵墓一看，陵床上再安放兩具棺木也綽綽有餘。這樣，田貴妃、崇禎帝和周皇后便入土為安，長眠於此，這也算是大團圓的結局了。

南明建立後，諡由檢為思宗，後改毅宗；清諡懷宗，後改莊烈帝，無廟號，陵曰「思陵」。歷史上稱其為崇禎皇帝。

朱由檢即帝位之初，奮發志氣，勵志圖強，大力整頓朝綱，常與朝臣商討國事，曾下詔說：「自今非盛署祁寒，我當準時到文華殿批閱章奏。」朝廷內外，人們都擊節讚賞，故史書上說：「崇禎始政，天下翕然稱之。」

翕然，形容言論行動一致，如翕然從之。崇禎為東林黨平反，翦除魏、客逆黨，都呈現著一派生氣勃勃的新氣象。

東林黨，晚明以江南士大夫為主的政治集團。神宗後期，政治益趨腐敗，社會矛盾激化。萬曆二十二年（1594年），無錫人顧憲成革

職回鄉，與高攀龍等在東林書院講學，諷刺朝政，評論人物，反對礦監、稅監的掠奪，主張開放言路，實行改良。熹宗時魏忠賢專權，左光斗等因彈劾魏忠賢被捕殺害。魏使人編《三朝要典》，稱他們為東林黨，後又造《東林點將錄》，恨不得將正直之士一網打盡。思宗即位後，逮治魏忠賢，對閹黨分別治罪。

由於明帝國益發腐敗，釀成社會上積羽沉舟。明廷已呈徹底崩潰之勢，敗局難於挽回。群臣多是庸碌無能之輩，坐論則是，起行則非，隨波逐流，貪得無厭，貪生怕死，圖謀權勢，結黨營私，已成為狐群狗黨。崇禎滿腹狐疑，剛愎自用，任人不專，又臨陣換將，瓦解軍心，自毀長城，致使能臣武將被誅殺殆盡。且將驕兵惰，各懷私心，不肯施力，釀成無人戍邊，則起「賊心」，外不能御清兵，內不能敵義軍。崇禎儘管消除了宦官專政的隱患，但由於文臣武將的軟弱無能，又重新提拔一批宦官，這批宦官重新勾結，陷害文武大臣，互相殘殺，貽誤軍機，甚至開門揖盜，投降變節。

對於群臣的腐敗無能，崇禎曾大為惱火地罵道：「今國家至此，無一忠臣義士為朝廷分憂。我非亡國之君，而你們盡是亡國之臣。」並俯首寫下「文武官個個該殺」。

崇禎在位十七年，連年天災，民不聊生，怨聲載道，怨氣衝天。朝廷又加派捐稅賦餉，多如牛毛，更逼得民眾走投無路，最終揭竿而起，一呼百應。起義之烽火猛燃，釀成燎原之勢，旋撲旋起。野火燒不盡，春風吹又生，崇禎即被逼著一步步走向深淵。

《書·大禹謨》：「無怠無荒，四夷來王。」明神宗懶惰放蕩，玩

忽政務，致使國勢衰殘；熹宗時魏黨殘害百官，荼毒天下，禍成國勢更趨式微。元氣喪盡，明廷已經瀕臨瓦解的邊沿地帶。關外女真族正在虎視眈眈，懷著虎狼之心；國內農民苦不欲生，起義軍正在風起雲湧，方興未艾，其勢浩浩蕩蕩，不可阻擋。若熹宗再活多幾年，明朝必亡在他的手下，他早已成為亡國之君。所以《明史》有道：「向使熹宗御宇復延數載，則天下之亡不再傳矣。」

御宇，指帝王統治國土。白居易《長恨歌》：「漢皇重色思傾國，御宇多年求不得。」也作「御寓」。劉勰《文心雕龍》四《詔策》：「皇帝御寓，其言也神。」

崇禎繼位之初，也竭盡全力，妄想力挽狂瀾於既倒。但又寵信宦官，濫殺功臣，橫征暴斂，致使內外交困，眾叛親離，迴天乏術。鎮壓起義，損兵折將，最後受到內外夾攻而弔死煤山，苦苦支撐這座將傾的大廈十七年，最終成為亡國之君，使國破家亡身死名敗朝滅。他的致命傷就是剛愎自用，滿腹狐疑，用人又疑，疑人又用，以致寵信宦官，枉殺群臣，中反間計而自毀長城，使文武百官人人自危，離心離德，文臣不再為之效忠，武將不再為之用命，賢人漸退，小人日出。對百姓橫征暴斂，敲骨吸髓，使民心喪失殆盡，最後揭竿而起。崇禎終被浩浩蕩蕩的歷史狂潮所淹沒。屈原《離騷》云：「怨靈脩之浩蕩兮，終不察之民心。」放肆縱恣，心無所主。治政者戒之，戒之！

崇禎勉勵心志，勵精治國，但沒有大作為。然處理政務治世之精神，令人欽羨。他嘔心瀝血的辦事態度，是以傲視同儕，讓歷代君王

為之汗顏。他不近聲色，不殖貨賄，亦少有望其項背者。若論歷代國君心最勞，運最厄，活最儉，命最苦，勢最困者，非崇禎朱由檢者莫屬。

西方作家鄧尼經過一番研究之後，曾著《一代佛人》一書，言及朱由檢自縊於北京煤山管園人的屋椽上，死時果然以髮覆面。身著藍袍，左靴脫落，顯然是掙扎脫落，身上仍帶有血書。

人們都說崇禎死得很悲慘。不！應該說死得很悲壯。歷代文人對崇禎的褒貶亦不一，有人以「不邇（近）聲色（音樂和女色），憂勤惕厲，殫心治理」對他加以讚頌。

憂勤，憂愁而勞苦。《史記・司馬相如傳》：「且夫王事固未有不始於憂勤，而終於佚樂者也。」

惕厲，心存戒慎。《後漢書・明德馬皇后紀》：「今雖已老，而後戒之在得，故日夜惕厲，思自降損，居不求安，食不念飽。」

明德，完美的德性。《書・君陳》：「黍稷非馨，明德惟馨。」殫心，竭盡心力。

有的人表彰崇禎以「殉於宗社事煌煌」。

殉，為追求理想、道義、事業而不惜身。宗社，宗廟和社稷，古時用作國家的代稱。煌煌，指熾盛，光輝。

也有人為崇禎辯解說：「非亡國之君，而當亡國亡運。」

眾說紛紜，莫衷一是。

（十一）師表

鬼谷開館授徒名滿天下

鬼谷子並非姓鬼，名谷，而是其隱居之地名。鬼谷地有三處：①在今陝西韓城市東境；②在今陝西三原縣西北，又名清水谷；③在今河南登封縣東南，為本文所指鬼谷先生所居。唐李白《送王屋山人魏萬還王屋》詩有「鬼谷上窈窕，龍潭下奔潈」句。

鬼谷子實姓王，名詡或禪，戰國時齊國人。相傳一名利，又一名之利。隱於鬼谷，因稱，亦稱「鬼谷先生」。龐涓、孫臏、蘇秦、張儀師事之（出其門下）。今本《鬼谷子》係後人託名之作，因文頗奇詭，不類漢以前人所作。《漢書・藝文志》不見著錄，《隋書・經籍志》有晉皇甫謐注《鬼谷子》三卷，列於縱橫家，注稱：「鬼谷子，周世隱於鬼谷。」

鬼谷子長於養性持身和縱橫捭闔之術。《史記》載蘇秦、張儀「具事鬼谷先生學術」（見《蘇秦列傳》、《張儀列傳》）。

鬼谷子因不知其父為誰，故從母姓。

鬼谷子的外祖父王先生是山西曲沃城人，經營珠寶生意，家財萬貫，騾馬成群，富甲一方。可惜膝下無兒，僅有一女，因此視之為掌上珠，珍愛無比，她就是鬼谷子的親生母親。為了讓女兒日後能才華出眾，才氣過人，便延師就教。

花開花落，轉眼間掌上明珠已成為二八佳人，不僅辛勤讀書，學養有素，而且出尖露眾。亭亭玉立的身材，如花似玉的美貌，叫人傾倒。她同時又喜歡與其父漫無邊際地談古論今。

曲沃城中追求這朵含苞欲放名花之豪門大戶的公子排成了長隊，日夜尾隨其後，獻殷勤，殷殷期望名花入手。

男大當婚，女大當嫁，王先生此時也開始為愛女的終身大事操心，日夜在心裏算計和籌畫，要為她尋覓一個稱心如意的郎君。

郎君，漢制，二千石以上得任其子為郎，後來門生故史稱長官或師門子弟為郎君。

為了圓這個美好的夢，王先生將眼光瞄準了市場的需求，死死盯住齊國這個方興未艾的國家。這個國家大量需要他的珍珠寶石，那裏遍地是金燦燦的黃金，正在等待著他去搬運。於是他心急火燎赴齊國進行「淘金之旅」。

這次「淘金之旅」非常成功，王先生不僅訂單不斷，客似雲來，做成了一大筆交易，而且又通過楚國的達官貴人從中進行有效的疏通工作，為自己的掌上明珠找了一個相當稱心如意的郎君。這是一個意外的收穫。

這名稱心如意的郎君出身楚國的豪門大戶，備受楚王的器重，而且楚王無嗣子，急欲讓他嗣位。如果促成這門親事，日後王先生必然水漲船高，從雜色商人得以入流，一躍升為顯貴的家族，享盡尊貴的門第名聲，這就成了聯姻貴族，必有大益了。

王先生想到未來的美好生活，感到幸福、愉快無比，便帶著甜絲絲的心日夜兼程，水陸俱進地歸心如箭，去完成這門親事。因為他離家已有兩年了。

王先生歷經長途跋涉回到家時，親朋好友都出郭相迎。當他目睹在人群中的掌上明珠挺著一個大肚子時，立即目眩，差點兒從馬背上摔下來。

自從王先生離家赴齊國以後，愛女便墜入了深深的愛河，並偷嘗了禁果。

禁果，比喻不允許涉及的性行為。

王先生直面這一嚴重的問題，壓不住心頭的怒火。他的心極不平衡，他忍受不了女兒敗壞家風的惡劣行為，認為這是辱沒家門的醜事。更不知道如何回去向楚國那位將成為乘龍快婿的公子交代。他的情緒異常激動，舉止已經失常，怒斥道：「這到底是怎麼回事，快說！」

王小姐沉著地作答：「自從老爹去齊國之後，女兒茶飯不思，飲食失常，心裏悶沉沉的。一日，去河邊賞魚，又流連忘返，被宜人的景致吸引住。轉瞬間一天的時光已經過去了，眼看夜幕已經降臨，餓

腸轆轆，饑不擇食，忽然間見了水邊長有一叢金光四射的麥穗，我便採集吃了。」

王先生是位老於世故的人，哪裏能輕易被這些花言巧語瞞得了呢！他勉強地苦笑著說：「呀唪！休要胡說，我過的橋比你走的路還要長。快說，這肚子裏的孩子到底是誰的？」

王小姐見嚴父識破了自己的謊言，知道再撒謊也於事無補，最後橫下一條心，寧願自吞苦果，打死也不曝出底細，聽憑嚴父如何打破沙鍋問到底，也不洩密。她自始至終獨自抽噎，低聲啜泣，對父親不加理睬。

王先生後悔莫及，深感十分慚愧，無地自容。萬般無奈之下，一面反思家教的失敗，一面又橫下一條心將愛女掃地出門，了卻此事，自此父女斷絕關係。

可憐王小姐孤單無援，身懷尚未出世的嬰兒，天高地迥，何處是歸宿呢？她只有在漫漫長夜裏求索，在路途漫漫中行走。飢餓了，只有以野果果腹，口渴了，只有以山泉解渴。天生人，天養人。號寒啼饑，過著風餐兼露宿的淒風苦雨生活，最終也活了下來。

王小姐被逐出家門的第二年，正值春色宜人，春暖花開的季節。她經過艱苦長途的跋涉，好不容易才來到鬼谷這個人跡罕至的山谷溝底。

剛到山谷，王小姐就感到作嘔噁心，昏沉沉的只覺得天旋地轉，天昏地暗，見腹內胎兒躁動，心想：已經十月懷胎，該是到了臨盆的

日子了。她跌跌撞撞地堅持走到一個山洞，這裏正好積有乾草和敗葉，可以取暖，山洞中亦可防風避雨，這可算是一個新家吧！這時胎兒又在腹內躁動，突然間一個嬰兒呱呱墜地。這時羸弱的王小姐便強支瘦弱的身軀，使盡最後一身力氣掙扎著支撐起來，以自己的鮮血寫了遺書：「孩子，你是娘食下穀穗後感而有孕生下的，娘懷兒十個月，熬過了一段艱苦的歲月，歷盡漫長的艱辛道路。在鬼谷這個地方生你，你的名字也就叫鬼谷。娘的身子羸弱，無法再養育你了，希望你被福星高照，福大命大，能夠存活下去，大難不死，必有後福。娘血字。」

寫完，王小姐便溘然長逝。

之後，一頭正處於哺乳期的母老虎，走入洞裏並見了鬼谷子。可能是母畜因為虎崽子夭亡了，思子心切，竟將愛護小崽的本能和無私的母愛轉移到嗷嗷待哺急於求食的鬼谷子身上，讓鬼谷子吮吸濃濃的母乳。

原來洞裏的那堆乾草敗葉也是母虎用以撫育幼畜的，豈料到目前卻為鬼谷子提供了意想不到的取暖設備，讓小生命在寒氣逼人的深谷中得以倖存，幸免於難，並等待著失去幼畜的母虎回來。

總而言之，幼小的鬼谷子總算闖過了成活的這一關。

《吳越春秋·句踐人臣外傳》曰：「皇天祐助，前沉後揚，禍為德根，憂為福堂。」鬼谷子總算有了幸福之所，這就是不幸中的萬幸。若母虎當時一口將他吞噬掉，那麼中國的歷史必將重寫，司馬遷

也不可能寫出《張儀列傳》與《蘇秦列傳》；秦始皇也難於鯨吞六國，「奮六世之餘烈，振長策而御宇內，吞二周而亡諸侯，履至尊而制六合，執敲樸而鞭笞天下，威震四海」，也難於「卻匈奴七百餘里，胡人不敢南下而牧馬，士不敢彎弓而抱怨」。

母虎給鬼谷子吸吮乳汁之後，便外出覓食。

不一會，一位童顏鶴髮、仙風道骨、風度神采的老人，發現了可憐的這個遺孤，於是悄然將他抱走，向谷中深處走去。

老者自稱是平王姬宜臼東遷時就隱逸於鬼谷，年深日久，屈指一算，約摸也有三百多年了。發現鬼谷子之時，老者正在山中採擷中草藥植物。當時發現一頭母老虎發出高而長的呼嘯聲，從山岡而過，迅速地鑽進了山洞裏。大概經過半個時辰的光景，又沿著曲折山道而出，沒精打采地向深山老林中閒走而去。老者覺得新奇，想知道個究竟，於是就冒險到山洞中察看動靜。結果發現了一個被襤褸衣衫裹著的嬰兒靜靜地躺在乾草敗葉上，一動不動的，嘴邊尚殘留有乳汁的痕跡。不遠處尚有一具女屍，肌肉尚未腐爛，這是因為洞中潮濕過冷的緣故。老者又從血書中瞭解到這個嬰兒的淒涼身世，料定日後並非凡夫俗子之輩，於是起了惻隱之心，不忍心將其丟在洞中讓其夭折，因而將其抱出山洞，決定親自教育培養。此所謂「不入虎穴焉得虎子」。

老者精通醫術，深通醫理，醫道高明。在他精心的治療下，鬼谷子因降生時環境惡劣，在寒濕的山洞中患的風濕性病很快被治痊癒。

秋去春來，年復一年，鬼谷子長大之後，悟性極高，天資聰慧，聰穎過人。老者悉心調教，將自己的學問傾囊而授。鬼谷子往往能從類推中舉一反三，觸類旁通。老者看在眼裏，喜在心上。

光陰似箭，日月如梭，不覺鬼谷子即到總角之年。

總角，古代男女未成年前束髮為兩結，形狀似角，故稱總角，後因以指借童年。

老者悉心悉力對鬼谷子傳授知識，使之知筋骨又知精神，掌握學識的本質與奧妙。他很快就能上知天文，下知地理，六韜三略，乃至占卜休咎，無一不精，而又博聞強識，甚至對天下瞭若指掌。他隱居鬼谷，一為修身養性，二為日後造就人才。

此時，為了讓鬼谷子理論結合實際，不尚空談，坐論則是，起行則非，使他知己知彼，老者曾多次帶鬼谷子出谷，觀人風，察民情，擴大視野，增長才幹。鄰近的鶴髮老人皆知鬼谷中有一對神仙師徒，別具仙風道骨，不同凡俗，仙童見識與仙翁不相上下，所見略同，前程無量，日後必定青出於藍，留名青史。

光陰荏苒，轉瞬之間鬼谷子已在谷中度過了二十個寒暑。一天，老者對鬼谷子言詞誠懇、情意深長地說：「鬼谷，為師已將終身所學傳授給你，希望你能發憤圖強，發揚光大，學有專攻，學有所用，學有所成。當今的世務，兵連禍結，七雄爭霸。平民百姓啼饑號寒，生靈塗炭，痛不欲生。你須謹記，你的來歷不幸，也是不凡，上蒼必將降大任於你。你要有雄心壯志，妥善處置，幹出一番轟轟烈烈的事

業，把淵博的學識嘔心瀝血地獻給解民倒懸之急上。而解決之道在於求統一。你要謀慮深遠，謀劃仔細，要找到知己的英主而事之，獻上統一天下的計謀策略，使代代恭行而不綴，總有成功的一天。」

鬼谷子莊重而誠懇地道：「弟子謹記於心。」

老者見了鬼谷子作出保證，甚為寬慰，深感對他收養調教的責任已盡，便執意離開，並毅然決定在有生之年，師徒永不相見。

鬼谷子牢記恩師臨走時的囑咐，決定出谷，大肆宣揚自己的治平之策。

治平，本指治國平天下，後指國家太平安定。《大禮·大學》：「家齊而後國治，國治而後天下平。」

但治平天下的大事談何容易！鬼谷子豪情滿懷地遊說諸侯，說得頭頭是道。但諸侯們聽來感動，想來激動，過後不動。鬼谷子儘管滿腹經綸也無用武之地。他到處奔走，又到處碰壁，茫然四顧，想稱霸天下的韓、趙、魏、燕、齊、楚、秦的君王都無一位能領情。他的一片苦心孤詣與苦口相勸，得到的是冷言冷語的譏諷，冷冰冰的面孔，更有甚者還惡語相向，態度粗野，如兇神惡煞。

一趟跑下來，鬼谷子累得精疲力竭。但他並不意志消沉，灰心喪氣，而是愈挫愈堅。他決定返回鬼谷授徒講學，宣傳主張，傳授知識。

鬼谷子隱逸雲夢山後，閉門息跡，屏居不與世交接。他著書立

說，經手刪削三番數次，一部奇書《鬼谷子》終於問世。

《鬼谷子》，舊題周楚鬼谷子著，乃為鬼谷子運用軍事謀略、施展政治主張、心理攻防戰術、國際關係活動、處世立身集大成之作，充分體現了他的務實精神，也顯示出其變化多端的詭譎思想與學術風格。

《鬼谷子》一書一問世，上至王侯公卿、達官貴人，下至升斗小民，無不奉為至寶，手不釋卷，競相爭讀。一時間洛陽紙貴，競購一空。鬼谷子亦聲名鵲起，遠播天下，譽滿親朋。此所謂「十年窗下無人問，一舉成名天下知」，不鳴則已，一鳴驚人，再鳴衝天。

連當年鬼谷子到各國苦口婆心地宣傳和規勸時曾經譏諷和拒絕過他的一些諸侯們，也深感內疚，紛紛發來信函，表示欽佩之情，傾吐「有眼不識金相玉質」之衷腸。

金相玉質，形容事物質美，有如精雕細琢金玉。有道是「金相玉質，百歲無匹」。

鬼谷子一生經歷的磨難太多，身世淒苦。但磨難又是最好的老師。童年的磨難也鑄就了他剛強的性格，磨礪了他堅強的意志，磨煉出他的才幹。因為他曾經歷過勞其筋骨、餓其體膚、苦其心志的磨難，所以，他早把不名一錢的虛名看透。他決定不再出山，繼續隱居，廣收門徒，讓自身的學問代代承傳，實現恩師未竟之志。先後投其門下的竟有五百多名弟子，分幾期教授。名師出高徒，其中不乏優秀人才，後來指點江山，縱橫天下，成為當世風流俊傑。其中，脫穎

而出者有首期中的孫臏和龐涓，第二期中的蘇秦和張儀。

孫臏在戰國時期聲譽顯揚天下，是行軍用兵的軍事家。龐涓也是當時名聲赫赫的兵家。兩人的才能、謀略不相上下，各有千秋。

當孫臏和龐涓學成之際，鬼谷子便以高標準對他們進行了考查，發現龐涓心路狹窄，心術不正，追求功利的思想顯著，而且對同窗師兄孫臏心懷叵測。這些都是他的致命傷。

一山不容二虎，容二虎必相鬥，相鬥必相傷。為了防患於未然，避免同事一主而發生矛盾衝突，鬼谷子先讓龐涓下山。過了一段時間之後，才讓孫臏下山。臨行時又對孫臏諄諄囑咐，並贈送錦囊，以持其身，在遇到緊急情況時拆開，並依計行事。

不是冤家不聚頭，無可迴避，這是鬼谷子所料想不及的。他們都同事於一主，效力於魏惠王，且龐涓為將。

龐涓的官員等級高於孫臏，並以小人之心，度君子之腹。他暗忖孫臏的存在對他的社會地位和聲譽勢必有所危害，因此把孫臏視為眼中釘、肉中刺，用盡一切卑鄙和狠惡的手段，想除之而後快。

孫臏是戰國時齊國人，名失傳，孫武後裔。因龐涓忌其才出於己，乃陰名臏至魏，假他事處以臏，故稱孫臏。可見臏是一種刑法，不是他的真名。孫臏遭此大難之後，已經成了終身無法行走的殘廢人，而且被關在一個暗無天日的石屋裏，加以禁錮。

孫臏對龐涓的絕情忘義深感氣憤，並在絕境與絕望中掙扎。突然

憶起了下山時恩師贈的錦囊妙計。他忙著將錦囊拆開，僅見三個字「詐瘋魔」，即故意裝作瘋癲癡呆的樣子。

孫臏在此絕境之時依計而行，整日不發一言，裝瘋賣傻，甚至令人作嘔的糞便亦大口大口往肚裏吞。孫臏終於以恩師的錦囊妙計麻痺了龐涓，使之放鬆警惕，最終逃出魔窟，躲過一劫。

孫臏因得到齊使之助回國，為齊威王師。魏惠王二十八年（前342年），魏攻韓，齊救韓，用孫臏計，直攻魏都大樑。旋即退兵，誘涓兼程追擊。臏在桂陵大破魏軍，擒龐涓；一說龐涓在馬陵中埋伏計而大敗，自剄而死。

當時孫臏協助田忌督師，施展了恩師平生所授的絕妙謀略與戰術，充分發揮了行軍用兵及兵不厭詐的本領，將龐涓的軍隊誘入馬陵道，並埋伏了重重雄兵，又在一顆大樹上削光樹皮，刻上「龐涓死於此樹下」幾個大字。龐涓果然到大樹看字，齊軍萬箭齊發，龐涓中箭身死，這就是「多行不義必自斃」。

孫臏著有《孫臏兵法》，《漢書・藝文志》稱為《齊孫子》，已失傳。1972年山東臨沂銀雀山漢墓出土竹簡中，有其書。

馬陵山，在山東臨沂縣東南，接鄰郯縣界。

這就是兩虎相鬥必相傷，這就是鬼谷子兩個得意門徒鬥智鬥勇的大結局。

話分兩頭講，再說到蘇秦和張儀。

蘇秦是戰國時東周洛陽人，字季子，習縱橫家言。他巧言如簧，早年遊說諸侯，裘敝金盡，憔悴而歸。後為燕昭王謀劃策略，從事反間，使齊、趙交惡，並使齊疲於外戰。齊愍王末年又為其相，秦昭王約齊愍王並稱東西帝，蘇秦奉勸齊王取消帝號。與趙相李兌約燕、齊、韓、趙、魏合縱攻秦。趙封其為武安君，迫秦廢帝號，歸還部分魏、趙土地。他主張合縱抗秦，佩六國相印，為縱約之長，後燕將樂毅聯合五國大舉攻齊，其反間計被識破，被車裂而死。有《蘇子》，今佚，據《漢書‧藝文志》縱橫家有《蘇子》三十一篇。馬王堆漢墓出土帛書《戰國縱橫家書》保存有蘇秦的書信辭遊說辭十六章，與《史記‧蘇秦列傳》所載不同。

一說蘇秦的合縱抗秦策略為張儀所破之後，蘇秦遂至齊為客卿，與齊大夫爭寵，被刺死。

縱橫家，古九流之一，以審察時勢、遊說勸人為主，戰國時著名者，有鬼谷子、蘇秦、張儀等人。當時蘇秦主張合縱，合山東六國以抗秦，因稱為縱橫家。縱亦作「從」。《漢書‧藝文志》：「從橫家者流，蓋出於行人之官……言其當權事制宜，受命而不受辭，此其所長也。」

巧言如簧，指巧偽的言辭，美妙動聽，有如笙中之簧。《詩‧小雅‧巧言》：「巧言如簧，顏之厚矣。」《後漢書‧陳蕃傳》：「夫讒人似實，巧言如簧，使聽之者惑，視之者昏。」

現在說到張儀。

張儀，戰國時魏國貴族後裔，學縱橫術。先遊說於楚，後入秦，事秦惠文王，為相。用連橫之策，使秦有河西、上郡、河東等地。惠王更元二年（前 333 年），與齊、楚大臣會於齧桑邑（今江蘇沛縣西南）。次年，魏亦行連橫，逐惠施而以儀為相，儀返秦。曾入楚，見懷王，勸楚絕齊親秦。最終輔助秦王成為霸主，成就霸業。

秦惠文王十年（前 328 年）儀任秦相。由於採用連橫策略，遊說各國親秦，瓦解齊、楚聯盟。秦因連橫之策致使地廣國強，儀以功封武信君。秦武王時去秦入魏為相，一年後去世。《漢書‧藝文志》縱橫家有《張子》十篇，今佚。

秦惠王死，武王立之後，六國諸侯聞儀不為武王所信任，曾合縱以抗秦。儀離秦去魏。

蘇秦、張儀均以三寸不爛之舌，強於百萬之師；皆博聞強志，明於治亂，善於辭令，用詞精準，入木三分；皆有辯才智慧，均為辯士。《韓詩外傳》曰：「君子避三端：避文士之筆端，避武士之鋒端，避辯士之舌端。」

鬼谷子的目的已經達到，理想已經實現，便停止招收門徒，決定外出雲　遊。遂騎著一頭青牛，出函谷關朝西進發，最終隱逸於崑崙山。

雲遊，喻行蹤無定，此指僧道漫遊。

函谷關，本文指古函谷關，在今河南靈寶市東北王垛村，戰國秦置，因關在谷中，深險如函得名。東自崤山，西至潼津，通名函谷，

號稱天險。公元前 241 年，楚、趙、魏、韓、衛合縱攻秦，至此敗還。前 206 年，劉邦西入咸陽，遣兵守此以據諸侯軍。漢置關都尉戍守。

崑崙山，在新疆、西藏之間，西接帕米爾高原，東延入青海省境內。層峰疊嶺，勢極高峻。古代有許多關於崑崙的神話傳說。

自此，鬼谷子均過著「遇勝即倘徉，風餐兼露宿」行旅艱辛的生活。他終於與塵世隔絕，高謝人間，嘯詠山林，游泛江海，過著悠然自得的生活，所以在道教神仙譜系中，鬼谷子是一個亦神亦人，讓人眼花繚亂、撲朔迷離的神秘者。甚至有人認為鬼谷子之名為隱逸者通名，是一個普通名詞，不是專有名詞，並非實有其人；亦有人說鬼谷先生是古之真仙。真仙就是真人，道家稱存養本性的得道的人；有的說鬼谷子是作者假設的人物。眾說紛紜，莫衷一是。

命相家相信由人的生辰八字、生肖等，可以推算出一個人命運的好壞。他們「皆以鬼谷先師為祖師」，都認為他是創業者而對他倍加尊崇。

清末胡祖德《滬諺外編·三百六十行營業謠》詠上海起課先生云：「起課先生真別致，祖師俱敬鬼谷子。」

起課，方士六壬術，有四課式，用占目之干支為推算之本，因謂求卜為起課。即求卜的人都推崇鬼谷子為祖師。

在浙江鄞縣（今浙江寧波）建有專祠「鬼谷先生」的廟宇，稱為鬼谷廟，供其神位，讓人祭拜香火。鄞縣東的太白山（天目山的別

稱，唐李渾隱居於此）亦建有鬼谷祠。此外，在潁川陽城（今河南開封）、陝西韓城市、湖北當陽荊門市西南、湖南大庸市都有所謂鬼谷，均有不同的鬼谷傳說及遺跡。鬼谷子的情節離奇、行為超乎尋常的故事，使其一生充滿著傳奇色彩。

秦始皇時，古西域三大六城國之一的大宛，北通康居，西南鄰大月氏，盛產名馬。當時有許多人不明不白地死在道路上，人們都深為驚奇。這時從天空的遠方飛來了一群鳥，每隻鳥的嘴裏叼著一根草，並輕輕地覆蓋在死亡者的臉上，片刻間，奇跡出現了，死了的人都復活了。人們大為驚喜，衙門的官員見了不寒而慄，恐懼萬分，認為這不可想像、不可理解，於是就向秦始皇如實報告。秦始皇也深感離奇，覺得不可思議，便派徐福帶著草火速去向鬼谷子請教。鬼谷子心中有數地侃侃道來：「大海中有十洲，名叫祖洲、瀛洲、玄洲、長洲、炎洲、元洲、流洲、生洲、鳳麟洲、聚窟洲。這種草是祖洲的不死草，生長在瓊田中，又名養神芝，葉片似菰，不叢生，一根草可以使上千人復活。」

十洲，古代傳說神仙所居住的地方，後為道教所承襲。據東方朔《海內十洲記》（一名《十洲三島記》）記載：巨海中有祖、瀛、玄、炎、長、元、流、生、鳳麟、聚窟十洲。又有蓬萊、方丈、崑崙三島，乃人跡罕絕，神仙所居。合稱「十洲三島」。三島一作蓬萊、方丈、瀛洲，或稱三神仙。《漢書・郊祀上》：「此三神山者，其傳在渤海中，去人不遠，蓋嘗有至者，諸僊人及不死之藥皆在焉。」

祖洲，神仙地名。相傳在東海中，地方五百里，有不死草生玉田

（一名瓊田，肥沃之地）中，可使死者復活。秦始皇便命方士徐福率童男童女五百人往尋，一去不返。

瀛洲，傳說中的仙山。《史記・秦始皇本紀》：「海中有三神仙，名曰蓬萊、方丈、瀛洲，僊人居之。」其為齊人徐氏上書所云。

玄洲，傳說中的地名。據東方朔《海內十洲記》：「玄洲在北海之中，戌亥之地，方七千二百里，去南岸三十六萬里。上有太玄都，仙伯真公所治，多丘山。」

炎洲，傳說為南海中的洲名。上有風生獸、火光獸及火林山，出火浣布。後也泛指嶺表之地。

流洲，神話中的海島名。流洲在西海中，地方三千里，去東岸十九萬里；上多山，積石名為昆吾，冶其石成鐵，作劍光明洞照，如水晶狀，割玉物如割泥（見上書）。

鳳麟洲，神話傳說西海中央有鳳麟洲，洲上多鳳、麟，數萬各為群。有山川池澤及神藥百種。洲上僊人者鳳喙及麟角合煎作膏，名之為續弦膠，或名連金泥，能屬斷弦折金（見東方朔《十洲記》）。

鬼谷子知識博洽多聞，博覽古今，為通才。他能言善辯，答辯如流，大凡天文地理，六韜三略，占卜休咎，無一不精，無一不通，又博聞強識，足不出鬼谷而對天下大勢瞭若指掌。眾多的子弟，甚至像龐涓、孫臏、蘇秦、張儀這樣天稟聰穎資質超群的佼佼者，都不能望其項背，更不能青出於藍而勝於藍，而是一代不如一代。恩師的氣度不凡，氣宇軒昂，胸襟恢廓，大度包容，眾門徒均不可企及。恩師是

通人、通才，眾門徒均為專才。說到底，凡人畢竟是凡人，神仙畢竟是神仙，未可同日而語也。

鬼谷子欲將仙家沖拳之術毫不保留地傳授給眾門徒，使日後能夠同升仙境。但張儀、蘇秦入世心切，急功近利，急匆匆地出山施展威風和本領。鬼谷子深感寒心，痛切而惋惜不已，感歎其道廢絕。他經常在蘇秦、張儀跟前垂愛，眼裏含著淚花，而張儀、蘇秦最終沒有領悟過來。恩師洞察他們的心理，去時終須去，再三留不住，只有在臨別之際無奈地各贈他們一隻鞋。鞋終於化成一隻犬，當天就在前引領他們到了秦國。蘇秦首先謀劃合縱，張儀而後策劃連橫，都圍繞著秦國為主要目標，以秦國的利益為核心，亦以六國的利益為核心，施展戰略戰術。這確實也使天下人的神經緊繃，熱血沸騰。

鬼谷子凝神端詳，凝思默慮，心神專注。他樸素雅致而不外露，語言樸質而行事低調。而出其門之生徒都風華正茂，指點江山，縱橫捭闔於天下。

由於鬼谷子將天書一部傳給了孫臏，才引起龐涓的嫉妒怨恨之心，欲置之死地而後快。當龐涓下山之時，鬼谷子說他「以欺人之事，還被人欺」；「遇羊而榮，遇馬而瘁」。他後來誆臏入魏，處以臏刑去膝蓋骨。最後卻中了孫臏之計而被重兵重重伏圍，死於馬陵道萬弩之下，這是恩師早已預料到的。

德國哲學家斯本（一為賓）格勒（Spengler Oswald）有影響力的一本研究著作《西方的沒落》，對鬼谷子有這樣的評價：「鬼谷子的察人之明，對歷史可能性的洞察以及對當時外交（合縱連橫的藝術）

的掌握，必然使他成為最有影響的人物之一。」這一評價，恰如其分。

哈佛大學誠聘戈鯤化任教

　　容閎，廣東香山（今中山）人。1847 年赴美留學，1854 年畢業於耶魯大學，是中國最早的留學生。

　　戈鯤化，1879 年應美國哈佛大學誠聘到該校任教，是中國赴美任教第一人。至今美國哈佛大學燕京圖書館仍懸掛著他的一幀大照片。

　　鴉片戰爭失敗後，清道光二十二年（1842 年）八月二十九日，清政府與英國全權代表在南京簽訂了中國近代史上第一個不平等條約《南京條約》，亦稱《中英南京條約》、《江寧條約》。《南京條約》共 13 款，其中第二款為割讓香港；第三款為開放廣州、福建、廈門、寧波、上海五處為通商口岸。自此，西方資本主義侵略者打開了中國的門戶，中國由封建社會逐步淪為半殖民地半封建社會。

　　清道光二十四年（1844 年）七月三日，美國專使與清政府在澳門附近的望廈村簽訂《望廈條約》，又稱《中美望廈條約》、《中美五口貿易章程》，比《南京條約》又更擴大其特權。咸豐八年（1858 年）六月十八日簽訂《中美和好條約》，即《中美天津條約》，共 30 款，清政府給予其它國家的特權，美國得「一體均霑」。這是第二次鴉片戰爭期間，美國以調停為名，誘迫清政府訂立的不平等條約。

　　根據條約的規定，美國的商人、傳教士等便一擁而入。但美國在

華經商的商人深感困難重重，斗大的漢字不識，只是看到大字黑麻麻，小字兩個叉，中國話又不懂講。不識中國漢字，像盲人，不懂聽中國話，像聾子，不會說中國話，像啞巴，在中國生活像傻子，講話比手畫腳，聳肩，表示不可理解。為了改變這種窘態，由美國在華商人建議，希望哈佛大學能培養出一些通曉中國話的年輕人，讓美國人能在中國政府供職，溝通語言和感情，促進兩國間的貿易發展。

儘管哈佛大學當時已經成為美國最著名的大學，商人的建議歸建議，但辦起來談何容易，一旦開始操作，必然困難重重。當時就有兩種意見：一種認為，要學習中文就必須到中國去學習道地的中文，在特殊的語言環境裏耳濡目染，見多聽多了，無形之中受到影響，才能達到事半功倍的效果；另一種則認為，可以從中國聘請教師來美國教學。但又到什麼地方尋覓合適的教師來擔任這個工作呢？

當時埃里奧特任哈佛大學校長，他有大度包容之心，認為在校開設中文課，引進中文人才，具有極大的挑戰性，並且可以在學生中刺激雙方進行競爭，互相促進。因此他便一錘定音。

埃里奧特（Herb Elliott，1834-1926），美國教育家、公共事務領導人，曾任哈佛大學校長 40 年，是 50 卷《哈佛大學古典作品》（1909-1910 年）的編者。1853 年畢業於哈佛。1867 年赴歐洲研究歐洲教育制度，發表的研究心得引起哈佛校董的注意。1869 年就任哈佛校長至 1909 年退休，將哈佛提升到世界聞名學府的地位。他認為美國的高等教育必須「擴大、加深、朝氣蓬勃」，健全的通才教育計劃必須給予自然科學與人文科學相同的地位。他提高哈佛的入學要

求，其它主要院校群起效法，中學標準亦相應提高。他建議中學在第7學年開設外語課及數學課，並制定了美國中等教育的課程。著有《教育改革》、《大學行政管理》等書。

當時埃里奧特記起了自己的朋友鼐德正在美國駐中國牛莊（今河北永年縣東南舊永年南牛屯）任領事，便修函請鼐德幫助在中國物色中文教師。鼐德就委託擔任清朝總稅務司的英國人赫德幫忙。赫德又將此事託付給任職寧波稅務司的美國人杜德維。

赫德（Robert Hart，1835-1911），字鷺賓，生於愛爾蘭。中國清政府雇用的英籍官員，長期任中國總稅務司。1854年由英國外交部派遣來中國，任英國領事館官員；1859年為中國海關廣州副總稅務司。他曾制定一套由外國人管理的中國海關制度，控制清政府的財政收入，從而干涉中國的內政、外交。中國總稅務司歷經擴展，至1895年雇用西方人700名，每年稅收達2700萬兩銀。總稅務司1896年起又管理中國的郵政，赫德以顧問身份參與清政府與西方國家間的各種交涉，如1867年支持蒲安臣任中國使臣；1876年為李鴻章的助理，訂定《煙臺條約》；1885年策動李鴻章簽訂《中法新約》；等等。清政府授予其太子少保頭銜。1908年海關總稅務司併入清政府的稅務處。赫德請假回國，至死卸職，計任中國海關總稅務司達48年。

1842年《中英南京條約》簽訂時寧波對外開放，1844年以後與外國的貿易往來更為頻繁。由於對外交往頻仍，人們的思想也較為開放，赫德認為在寧波更容易物色到合適的人選。

經過一番周全的考查和細心的思索，杜德維選中了自己的中文老師戈鯤化。他還教過一位英國學生和一位法國學生，當時正在美國駐寧波領事館供職，對美國有比較全面的瞭解。

1879 年 5 月 26 日，美國駐牛莊領事鼐德在上海代表哈佛大學校長埃里奧特和戈鯤化接洽商談有關事宜之後，便簽訂了任教合同並簽字。合同的主要內容為哈佛大學試聘戈鯤化前去教授中文，自 1879 年 9 月 1 日起至 1882 年 8 月 31 日止，合計 3 年，每月薪金 200 美元，凡往來旅費（包括隨行人員）概由校方負擔。至於在哈佛的課程安排、招生數額、教學程序等，均由校方根據具體情況分先後安排。

當年秋天，戈鯤化舉家與一個傭人便走馬上任，開始赴任之旅，去陸登舟。經過 50 天顛簸郵船生活的洗禮，終於抵達美國，開始步入他在哈佛大學為期 3 年的教學生涯。這時他僅有 41 歲，可謂風華正茂、激揚文字之時。這是西方名牌大學第一次誠聘中國中文教師教授中華博大精深的文化，從東方文化的古國引進精神文明。這一盛事，亦打開了西方人的眼界，成為西方重磅新聞，美國各大平面媒體爭相將此事刊登於醒目版面。當時美國商人也捐贈 8750 美元，讓哈佛大學從中國聘請教師。

戈鯤化 1879 年 10 月 22 日正式在哈佛大學授徒講學。他所講授的第一份教材是一篇小說。由於課前作了充分的備課，在教學目的、時間、方法、步驟、檢查以及教材的組織等方面均做到遊刃有餘，同時用詞精準，無懈可擊，並充分體現出個人的教學特點與風格，為生員們普遍稱道。

招收的生員並不局限於本校學生與人士。對任何有興趣瞭解中國文明的專家學者，抑或從事傳教、海關、外交、商務事業者均敞開館門，沒有設限，沒有年齡大小、長幼尊卑、身高體重、相貌美醜、男女老幼、黑白棕黃紅等要求，願意來者，一概不拒，充分尊重人權、人格的尊嚴，也體現出有教無類的教育思想。只要繳交學費就可進修他所教授的課程。

戈鯤化在教學方法上，注意做到傳道、授業、解惑，舉一反三，觸類旁通，諄諄善誘，結合實際。師範師範，學問高深為師，道德高尚為範。戈鯤化極其重視師德師風，他認為教師應該為人師表，現身說法，讓人當做學習的榜樣和楷模。同時，也要求學生注意求師、從師之師道，要尊師重道，不僅要重文，更要重德，既要尊師重道，又要敬業樂群。

由於戈鯤化事事起表率作用，他操守清廉、厚德載物、特立獨行的高貴品質，且為人厚道，厚重篤實，又體現出深厚的中華文化內涵的背景，從而獲得了人們的敬重。

戈鯤化是作為語言老師而被聘用的，他對博大精深的中華文化，對東方的文明古國懷有深深的自豪感。他自律甚嚴，所以他要謀求做個傳播中華文化的使者，而並非僅僅局限於當一個語言教師。他精於選材，精心選用中國詩歌為傳播知識的載體和傳播精神文明的載體。因為「詩言志，歌詠言」。志，意思在心為志，發言為詩。詩有詩韻，詩韻清鏘玉不如。中國是詩的古國，詩歌體現中華民族所具有的文化知識的總和，是民智。它是具有共同語言、共同地域、共同經濟

生活以及表現於共同文化上的共同心理素質的共同載體，是中華民族所有而其它國家所無的。它具有中華民族在社會生活、文化傳統、心理狀態和語言習慣等方面的相似性，又形成區別於世界各民族的特有風格，所以，詩是最具中華民族的特有風格載體。它又運用和發展中華民族獨特的藝術思維、藝術形式、藝術手法，表現中華民族特有的思想感情，是最具中華民族氣派、風格的文學藝術最成熟的標誌之一。所以，詩是最具民族化的精品。正因為這樣，戈鯤化不管在什麼場合、場所，都情不自禁地詩情勃發，均不忘吟詠和講解幾首中國古詩，以此為快，以此為樂，亦以此為榮。

戈鯤化還在哈佛大學特地給教授們設置中國詩文講座。他登臺講演中國詩文的特點、民族特色與藝術特色、淳厚樸實的特質、讓人陶醉的藝術魅力，以及詩人不凡的氣度和氣質與東方文明古國的氣派，從而使聽者感歎不已，感慨萬分。通過詩情畫意及語言行動，深切地感染每一個從未接觸過中華文化與文明的美國人。

戈鯤化本身就是詩人，他深刻地意識到詩歌的思想高度、語言凝練、詩句傳神的價值，所以，他有意識地在美國致力於文明古國文化的傳播，以只可意會不可言傳的詩詞作為載體，把文明古國詩句的濃濃韻味帶給美國人民。

《華質英文》是戈鯤化精心編纂的中文教材，哈佛大學稱其為「有史以來最早的一本中國人用中英文對照編寫的介紹中國文化尤其是中國詩詞的教材」。這本教材收錄了戈鯤化自己創作的 15 首詩作，既有中文原詩，又有英文譯文和譯音，還對詩中的詩句、典故作

了詳細和傳神的英文譯文解釋，並詳細標出平仄聲的發音。

平仄，平聲和仄聲。詩文聲律用字，以四聲中平聲稱平，上去入三聲為仄。舊體詩詞和對偶文章用字講求平仄交替，使聲調諧協，有一定格式。平聲，聲調平出而無低昂的稱為平聲，所謂「平聲者，哀而安」。現代漢語北方話又按聲母清濁分為陰平和陽平兩類。宋人曾言：「近代聲律尤嚴，或乖平仄，則謂之失黏。」仄聲字，有平、上、去、入四聲。平聲歸平，上去入三聲歸仄。

採用這種教學方式，戈鯤化使中文的教育更加傳神，更加深入淺出而又生動活潑。通過漢語這一載體，使學員瞭解中華文化之博大精深和東方文明古國之精神文明特色。毫無疑義，戈鯤化在西方以堅忍不拔的意志傳播中華文化，成為登上西方講壇的第一人，也贏得了西方人的敬重與信賴。他有時被邀請到教授俱樂部去演講，此所謂「德不孤，必有鄰」。而他每次上課和演講，都穿著清朝的官衣，戴上清朝的官帽。

官衣，又叫官服。古代文官的官衣，圓領大襟，有水袖，式樣與蟒袍同，但不繡花。顏色按人物身份而分為紫、紅、藍、黑等色。知府以及狀元、進士等用紅色，知縣、謀士等用藍色。胸前及背後均綴不同花色的補子（標誌不同品級的徽飾）。黑色無補子，稱素服，為門官等人穿用。婦女也有穿女官衣的，但不常用。

為了早日融入西方社會，戈鯤化保持積極開放和大度包容的姿態，西方人向他學習中文，他也積極向西方人學習英語。在他的勤奮努力下，功夫不負有心人，他很快就基本能上操一口比較流利的英語

口語了，也掌握了一些翻譯英語的技能，能夠用英語翻譯自己的文章和詩詞，可算是達到了信達雅的程度。

由於戈鯤化待人誠懇，虛心向人請教，故結交甚廣，人緣極佳，與身邊的美國朋友相當友善，故美國的一些傳媒評價他「擅長交友，待人真誠」，又評他「獨特的社交氣質使他能夠與社會各界人士交往，努力使自己能被大家接受」。因此，他在短短的兩年時間裏，便與當地美國的社會著名人士與美國的漢學家建立了良好的友誼關係。

漢學家，外國人指研究中國的文化、歷史、語言、文學等方面的學問的人。

儘管戈鯤化懷有雄心壯志，想要幹一番傳播中華文化與精神文明的事業，並想通過漢語教學這一載體而實現，但文章千古事，千古文章未盡才，天有不測風雲，人有旦夕禍福，人走不過命，命走不過天，老天總不從人願。他在哈佛大學的任教期尚未結束，就匆匆走上了不歸路，竟於 1882 年 2 月不幸染上了惡疾，由細菌、病毒引起肺部發炎，高燒、咳嗽、胸痛、呼吸困難，經名醫搶救，未見妙手回春，且病情日益惡化。過了幾天，他帶著「千古文章事業」未竟的遺憾，抱恨終天，來也匆匆，去也匆匆，最終走上別有天之路。

戈鯤化為一代英才，正當英氣勃勃、英姿煥發之時，不幸英年早逝，讓人悲切萬分。但人們仍從心底裏時時懷念他。正如他在美國的朋友在悼詞中所言：「通過戈鯤化的言行，我們發現還有很多東西值得我們學習，那就是人與人之間兄弟般的手足關係。」

哈佛大學神學院（19 世紀初開設）院長埃里福特對戈鯤化曾作過中肯的評價，他說：「當他拜訪別人時，具有紳耆般有聲望的人的老成持重，機敏過人的態度，尊重我們社會的習俗；當他在款待別人時，又總是以中國的禮儀相待，讓人受到隆重的禮遇。他能在新舊兩大文明間進行思想溝通、文化溝通和經驗交流。」

由上可見，他雖撒手人世，但卻給美國人民留下了一筆精神文明的財富，留下了深厚的友誼。

戈鯤化雖名不見經傳，為無名之輩，但本書仍留下他一筆。

辜鴻銘奮筆維護中國「國格」

　　辜鴻銘，名湯生，號漢濱讀易者，以字行世，福建同安（今廈門市同安區）人。出生於馬來西亞賓榔，先後留學於英、法、德等國14年，掌握9種語言，獲得13個博士學位，其成就令國人甚至令許多西方人交口稱讚。德國著名教授納爾遜擊節讚賞道：「他廣泛的集西方文化於一身，並加以消化吸收；這個人熟悉歌德就像一名德國人，熟悉愛默生就像撒克遜人，通曉《聖經》就像一位真正虔誠的基督徒似的。」

　　歌德，德國詩人，劇作家、思想家，舉世公認的世界文學巨匠之一。他也許是像文藝復興時期偉大的知名人物那樣，爭取成為多面手（批評家、新聞工作者、畫家、劇院經理、政治家、教育家、自然哲學家）的最後一個歐洲人。

　　歌德出生於緬因河畔法蘭克福一個中產階級家庭，曾獲斯特拉斯堡大學法學博士學位。深受盧梭、萊辛和斯賓諾莎的影響，和席勒交誼篤厚。青年時期為狂飆運動的主要人物，體現在發表熱情的《莎士比亞時代的談話》上。在政治上反對封建割據，渴望德意志統一，主張自上而下的社會改革。重要作品有劇本《葛茲‧馮‧伯利辛根》和書信體小說《少年維特之煩惱》。1775年被邀請擔任魏瑪公國顧問，並完成名作《伊菲洛涅亞在陶裏斯》和劇本《埃格蒙特》。有代表作《浮士德》，還有自傳《詩與真》和小說《威廉‧邁斯特的學習年代

和漫遊年代》。所作抒情詩語言優美，優雅動聽，內涵深厚，意味深長，被公認為德國詩歌的藝術瑰寶，其作品對德國和世界文學有巨大的影響。歌德有時把自己的科學著作看得高於他的詩歌，對《顏色學》情有獨鍾。他在生物學和植物學方面亦有較大的貢獻。他絕非純粹的異教徒，他繼承了基督教傳統。

1832 年 3 月 22 日，歌德在威瑪溘然長逝，享年 83 歲。

浮士德，又名浮士德博士，西方民間傳說和文學裏最持久的傳奇之一。《浮士德》講的是一個關於德國巫師或星相家的故事，他把自己的靈魂出賣給魔鬼，以換取知識和權利，他向魔鬼暗示要做他的密友。他們都死在 1540 年左右，留下了一個關於巫術、煉丹術和占星術的傳說。浮士德死後的名望應歸功於第一部《浮士德》（1587 年）的無名作者。歌德的《浮士德》（第一部）寫於 1808 年；第二部寫於 1832 年，由一系列敘事詩、抒情詩、戲劇、歌劇以及舞劇組成，根據神學、神話、哲學、政治經濟學、科學、美學、音樂以及文學，以總韻律和文體作出各異的解說。最後，歌德寫他得以淨化和贖罪，從而拯救了浮士德。柏遼茲對此感動至深，根據歌德詩劇的法譯本，創作一部清唱劇《浮士德的沉淪》，該劇首次公演於 1846 年，同時亦以歌劇形式上演。

柏遼茲，法國作曲家、音樂評論家和指揮。對 19 世紀音樂的多方面貢獻生前並未被人所知，身後 50 年始被人們充分認識，現已成為西方音樂的作曲家之一，也是第一流的戲劇音樂家。1830 年獲羅馬大獎，同年《幻想交響曲》問世，接著《起死回生》於 1832 年首

演成功，1864 年合唱劇《浮士德的沉淪》面世。為高產作家，雖在國外享有極高的聲譽，但在國內備受敵視。

古諾將歌德作品第一部分改編為歌劇《浮士德》，1859 年首演於巴黎。古諾是 19 世紀維護並發展法國歌劇的主要作曲家之一，曾以大合唱曲《費爾南德》獲羅馬大獎。《浮士德》於 1859 年首演標誌著法國歌劇發展的新階段。1870 年赴英留居 5 年，組織古諾合唱團（該團後成為皇家合唱團），同時專心寫作清唱劇。

愛默生，美國散文作家、思想家、詩人、演說家和美國 19 世紀超驗主義文學運動領袖，生於波士頓的一個教士家庭。1836 年發表《論自然》，這是一本內容廣泛的重要著作，是浪漫主義信條的概括，也是愛默生理想主義的最高體現。他提出真正的智慧是通過「自然」領悟神旨，曾轟動一時。1840 年協助創辦《日規》超驗主義雜誌。最成功的作品是《人生的行為》，反映出作者全面的人文主義思想。他贊成廢除奴隸制。19 世紀和 20 世紀的文化名人如採尼、梅特林克、柏格森等，曾公開承認從他那裏受益匪淺。總之，他是美國超驗主義運動所產生的具有世界性影響的作家。

撒克遜人，日爾曼民族的一支，古時曾居住在石勒蘇益格地區和波羅的海沿岸，曾在北海大肆進行海盜活動。在 5 世紀早期曾迅速擴展，便同法蘭克人發生衝突。772 年，查理曼大帝對其進行征服與同化戰爭。戰爭馬拉松似的持續了 32 年之久，結果將撒克遜人併入法蘭克帝國。

《聖經》，猶太教和基督教的經籍，也是人類歷史上發行量最

大、最有影響的一部文集。包括《舊約全書》和《新約全書》。《舊約全書》即猶太教的《聖經》，是督教從猶太教承受下來的。全書卷數和次序基督各派略有不同。《新約全書》是基督教本身的經典，包括記載耶穌言行的「福音書」、敘述教會早期的《使徒行傳》、使徒們的「書信」和《啟示錄》，原文為希臘文。4 至 5 世紀，全部《聖經》譯成拉丁文。16 世紀宗教改革前後，《聖經》在歐洲逐漸被譯成各國文字，對各國民族語文的形成和統一起了一定作用。西方文學藝術作品在中世紀很多取材於聖經故事。

辜鴻銘的父親當時供職於一家英資橡膠園，因為幼小的辜鴻銘對語言表現出神奇理解力與記憶力的天賦，橡膠園主布朗先生特別喜愛他，並領養了他。

布朗夫婦於 1867 年返回英國，把 10 歲的養子辜鴻銘帶到歐洲。因布朗對中國抱有同情心，便對幼小的辜鴻銘寄以希望，再三叮嚀：「你的祖國猶如魚肉，惡貫滿盈的侵略者如刀俎，正在揮舞著屠刀準備分而食之，危在旦夕。你要學貫中西，承擔起強國富民的責任，教化歐洲和美洲的侵略者。這是我對你寄以的厚望。」

1880 年，年輕的辜鴻銘在新加坡認識了清末學者馬建忠。馬建忠對他提出自己的建議，要他務必認真研究年深日久的中華文化，以報效祖國。這次會面竟然改變了辜鴻銘的人生歷程，他下定決心回祖國潛心於中國文物和文獻典籍的研究。

馬建忠，字眉叔，江蘇丹徒（今鎮江市丹徒區）人。早年研究西學，1876 年留學法國並擔任清使館翻譯。博士學位。回國後入李鴻

章幕辦洋務，官至道員，曾去印度、朝鮮處理外交事務。著《富民說》，用重商主義觀點解釋經濟發展問題。主張廢除釐金，實行保護關稅，振興工商業。著有《適可齋紀言紀行》。學貫中西，精通英文、法文、希臘文、拉丁文。所著《馬氏文通》，從經、史、子、集中選出例句，參考「西文已有之規矩」，研究古代漢語的結構規律，為中國第一部較全面系統的語法著作。

辜鴻銘在德國當留學生時，有一次乘火車，當時車廂裏也有三個德國青年人在座。他們見他一身東方人的樸素裝束，腦後又拖著一條長辮子，認為好奇怪，便對他品頭論足。辜鴻銘假裝滿不在乎，便隨手掏出一份德文日報，翻倒過來閱讀。這時幾個德國青年感到詫異，立即對他嘲笑戲謔，說他是土包子，沒有見過世面。辜鴻銘仍佯裝不懂聽，等他們笑飽笑足後，辜鴻銘竟開腔以地道的德語說：「德國的文字太簡單了，不翻倒過來閱讀太沒意思。別說如此簡單的東西，即使你們的詩聖歌德的《浮士德》，我都能倒背如流。」說著說著他真的憑記憶力背誦出來。幾個德國青年自討沒趣，無話可說。

辜鴻銘回國後，入張之洞幕府任英文翻譯，清末官至外務部左丞。入民國後，任教於北京大學，推崇儒家學說，反對新文化運動。

那時北京人「咸與維新」，都將辮子剪掉。但辜鴻銘仍戀戀不捨地在腦袋後面拖著一條長辮子，他曾對毛姆說：「你看我留著髮辮，那是一個標記，我是老大中華的末了的一個代表。」

毛姆，英國作家、文藝評論家，生於巴黎，曾在英、德、法等國受教育，1927 年起定居法國。創作豐富，題材多樣。作品受法國自

然主義影響，著名的有自傳體小說《人類枷鎖》，長篇小說《月亮和六便士》、《尋歡作樂》、《刀鋒》等，還有《圓圈》等三十多部劇本，短篇小說集《全在一起》和文藝評論。

便士，英國等國的輔助貨幣。

辜鴻銘還破口大　那些剪掉辮子的人是「沒有辮子的畜生，野獸」！

在民國初年，有人剪掉辮子後沒戴帽子，他就嘲罵這種人是「沐猴而冠」！

沐猴而冠，沐猴即稱獼猴。獼猴戴帽，徒具人形，以喻人之虛有儀表，實無人性。一說獼猴性躁，不能持久。《史記‧項羽紀》：「人言楚人沐猴而冠耳，果然。」比喻裝扮得像個人物，而實際並不像。

其實，辜鴻銘是大清人中最早剪辮子的人之一，早在他讀書於蘇格蘭之時，他的一位女友很喜愛他那黑油油的髮辮，經常拿在手上把玩，且不忍釋手。他乾脆將髮辮剪掉，慷慨贈送給女友，向她大獻殷勤。

辜鴻銘後來又將髮辮蓄回來。在北京大學任教期間，學生們見到他腦袋後邊拖著一條長長的辮子回國，忍俊不禁地?然大笑。他卻態度鎮靜地登上講壇，侃侃道來：「你們笑我，無非是因為我的辮子。可是諸位同學腦袋中的辮子，就不是那麼好剪的啦。」一席話便把同學們鎮住了，全場鴉雀無聲。之後再也沒有人把他的辮子當作笑料了。

1884 年，辜鴻銘擔任晚清重臣張之洞的德文翻譯，當時張之洞在廣東設水陸師學堂，採取西洋新法編練軍隊，聘請德國軍官做軍事教練。但德國軍官拒絕穿中國軍衣，戴中國軍帽，也拒絕行跪拜禮。大家對他們奈何不得。辜鴻銘憑著一口流利的德語，以及三寸不爛之舌，最終使德國軍官心悅誠服，轉變了態度，自覺穿上了中國軍裝，又同意行中國跪拜禮。張之洞對辜鴻銘器重有加。

跪拜禮，舊時一種禮節，跪在地上，即兩膝蓋著地，磕頭叩地，是舊時最敬重的禮節。

俄國皇太子尼古拉及希臘親王於 1891 年到中國遊歷名山大川，當他們來到武昌時，辜鴻銘隨張之洞前往迎接。在盛大的宴會上，賓主在一起飲酒吃飯時，尼古拉與親王竊竊私語，內心竊竊自喜地操法語和希臘語譭謗中國文明與張之洞，以為宴會上的人聽不懂，豈料卻被辜鴻銘所揭穿，讓他們大驚失色。事後尼古拉心悅誠服地說：「各國無此異才。」臨別時，他特意表明心跡，贈送辜鴻銘一個懷錶，表上刻著皇冠，以示崇敬仰慕與歉疚之情。

尼古拉即尼古拉二世，是俄國末代沙皇，也是一個對亞洲感興趣的俄國君主。1891 年曾訪問過印度、中國和日本。十月革命後被處決。

辜鴻銘沒有辜負英國養父母的厚望，他在中國以自己的筆鋒為武器，捍衛中國文化與精神文明。1883 年發表了英文文章《中國學》，獨樹一幟地向西方世界大力宣揚學中國文化的道理。

中國學，亦稱中國研究，國外關於中國研究的統稱。廣義指研究中國的哲學、宗教、歷史、政治、經濟、文學、藝術、語言等各門社會科學與部分自然科學；狹義指研究中國的文獻、語言和文學。17世紀至 19 世紀上半葉為創建期，各國來華傳教士中產生了最早的「中國學」家。19 世紀下半葉至 20 世紀 40 年代為發展時期，研究的範圍逐漸擴大，發展成為一門綜合性學科。

接著，辜鴻銘又在幾年的時間裏，把《論語》、《中庸》譯成英文，相繼在海外刊登和印行。之後又翻譯完《大學》全書。

從 1901 年至 1905 年，辜鴻銘發表《中國札記》，反覆強調東方古國精神文明的積極作用和珍貴價值。

1909 年，辜鴻銘的英文著作《中國的牛津運動》問世，震驚世界，其中德國震動最大。有些大學的哲學系更將此書列為學習和研究中國的必讀參考書。這正是所謂「一鳴驚人」。

1915 年，辜鴻銘的新作《春秋大義》（英文版名為《中國人的精神》）問世，立刻使世界振聾發聵，被譯成德文、日文等多種文字，尤其是在德國組建起了「辜鴻銘俱樂部」，這是進行社會、文化、藝術、娛樂等活動的團體。他的名字在歐洲幾乎家喻戶曉。所以在 20 世紀初，西方曾流行一句熱門話：到中國寧可不看三大殿，不可不看辜鴻銘。此所謂「再鳴衝天」。

辜鴻銘 1915 年開始登上北大講壇，步入粉筆生涯。當時他仍保持著清朝時代的裝束，從頭到腳都是清朝的全副武裝。腦袋後面仍掛

著一條長辮子，從國外拖回國內。他身穿長袍，樣子顯得古怪，整個人顯得頑固守舊，所有這些過時的裝束，成為當時北大一大亮麗的景點，深深吸引著人們的眼球。

辜鴻銘雖留著晚清遺老的形象，但他並不效忠前朝，因為已經改朝換代。他的裝束古怪，但思想和脾氣並不古怪，他古風猶存，古道熱腸，與其古板的外在裝束不可同日而語也。

當時北大正在對政治思潮、文藝思潮進行執著的追求，在這種新的環境裏，辜鴻銘古板的裝束，在人們看來是泥古不化的。這的確不可思議，這與「咸以維新」的思潮太不相稱了，但他並未一頭渾腦。他天性渾厚，再加上他學貫中西，其學術功底紮實且深厚。他又極具浩然之氣魄，胸懷開朗，胸襟開闊，思想開放，所有這些優勢更像磁鐵似的深深吸引著北大學子。他每在登臺授課之時，都開宗明義公開道：「我們為什麼要學英文詩呢？那是因為要你們學好英文之後，將我們中國人為人文雅的道理，溫柔敦厚的詩教，去曉諭（曉示）那些四夷之邦。」

溫柔敦厚，即溫和寬厚。《禮·經解》：「溫柔敦厚，《詩》教也。」《疏》：「溫，謂顏色溫潤；柔，謂性情和柔。」《詩》依違諷諫，不指確切事情，故雲溫柔敦厚是《詩》教也。

四夷，東夷、西戎、南蠻、北狄，舊時統稱四夷，是古代統治者對華夏族以外各族的蔑稱。《書·大禹謨》：「無怠無荒，四夷來王。」本文借指世界各處。

辜鴻銘在一次宴會上，偶而與素昧平生的嚴復、林紓等會面。在盛大的宴席間，辜鴻銘竟發出驚奇的怪論：「如果我有權在手，必定要殺嚴、林二人。」林紓忙問道：「我二人有何得罪了閣下，看在同鄉之誼，還請刀下留人。」辜鴻銘聲色俱厲道：「嚴復翻譯《天演論》，主張物競天擇，優勝劣汰。於是全中國人只知道應該去競而不知公理，如此兵連禍結，民不聊生；林紓翻譯《茶花女》，如今青年只知道談戀愛，卻忘記了禮教是什麼了。如果不殺他們兩個，天下將不會有太平。」二人聽罷，竟滿意地哈哈大笑。可見辜鴻銘的確是個罵人「高手」。

《天演論》，辜鴻銘據英國赫胥黎《進化論與倫理學》譯述，分上下卷，共三十五篇，附有按語並作序，表達他自己的見解。清光緒二十一年（1895 年）譯成，1898 年正式出版。為中國近代較早的一部直接介紹西方哲學社會科學的著作，對當時國內鼓吹變法圖強和提倡維新運動起過積極作用。

物競天擇，嚴復用語，是對生存競爭和自然選擇的概括。嚴復在向國人介紹達爾文《物種原始》（今譯《物種起源》）時，概括其意為物競、天擇，認為「物競者，物爭自存也；天擇者，在其宜種也」（《原強》），用於表達生物進化的基本規律。同時又把這一規律引入人類社會學領域，認為這一規律亦適用於「政教」、「群理」，強調「自強保種」，救亡圖存，為維新變法尋找理論根據；但又認為進化「不可期只以驟」，反對突變。此說宣傳了斯賓塞的社會達爾文主義，但在當時中國歷史條件下卻起了相當的進步作用。

優勝劣汰（敗），世界萬物，互爭生存，好的分子，能夠對付自然界的事物而得勝；壞的分子，就被天然淘汰而失敗。這是一種進化的學說。

兵連禍結，比喻戰爭接連不止。《漢書·匈奴傳》：「兵連禍結三十餘年。」

民不聊生，人們不能安定地過日子。

《茶花女》，歌劇。意大利作曲家威爾第作於 1853 年。皮阿維據小仲馬同名小說撰寫腳本。同年在威尼斯首次演出，共四幕。劇情為：巴黎名妓薇奧萊塔與青年阿爾弗萊德相愛，後為顧全阿爾弗萊德的前程和家庭聲譽，忍痛與之斷絕關係，不久鬱悒而逝。該劇音樂語言豐富生動，人物性格鮮明突出，是威爾第中期代表作之一。雖然該劇的首演並不成功，但後來成了最受人們喜愛的歌劇之一。

禮教：①禮儀教化。指為維護宗法與等級制度而制定的禮法條規和道德標準。《例子·楊朱》：「衛之君子多以禮教自持。」②禮的教育。《禮記·解經》：「恭儉莊敬，禮教也。」

林紓，中國近代翻譯家、文學家。字琴南，號畏廬，別署冷紅生。閩縣（今福建福州）人。先後翻譯英、美、法、俄、德、瑞士、比利時、西班牙、挪威、希臘和日本小說 180 多種，其中不少是世界名著，已出版 160 種。在早期翻譯家中影響很大，是大量介紹西方文學的第一人。他精通外文，依仗別人口述進行翻譯。長於古文，譯筆流暢典雅，時有傳神之筆，深受讀者喜愛，在傳播西方文學方面起了

重要作用。晚年反對白話文，抵制新文化運動。著有《畏廬文集》、《畏廬詩存》以及小說、戲曲等。

最吸引辜鴻銘眼球的是東方女性的魅力。他曾以「愛蓮」名震寰宇，這與宋周敦頤的愛蓮有所不同，他所鍾愛的是女性纏足的「三寸金蓮」。

金蓮，金制的蓮花。《南史・齊廢帝東昏侯紀》：「鑿金為蓮華以一帖地，令潘妃行其上，曰：『此步步生連華也。』」後稱女子纏過的小腳為「金蓮」。有數字詩曰：

大（一）姐不如二姐姣，三寸金蓮四寸腰。

買得五六七錢粉，妝得八九十分漂。

辜鴻銘曾自詡自己的成就主要歸功於那雙金蓮（又短小又惡臭的女人小腳），稱其為自己的「興奮劑」。因為他的原配夫人淑姑，正是憑藉那雙三寸金蓮將他折服的。在他的心目中，淑姑長有一雙「特別神氣美妙的金蓮」，他每每在寫作神思不定、神志不清、思路滯塞時，便立刻大喊：「淑姑，快來書房！」一聽到呼喚，淑姑便三步並做兩步進入書房，任由辜鴻銘將一對小腳在手裏攥著把玩起來，不時拿到嘴邊嗅來嗅去。片刻後，奇跡出現了，臭腳成了靈丹妙藥。辜鴻銘的靈感突然湧現，茅塞頓開，神通大顯，神來之筆有如龍蛇般出現在紙上了。他如此醉心於女人的「三寸金蓮」，樂此不疲，而且還認為自己發現了「新大陸」似的。他更高談闊論道：「女人之美，美在小腳。小腳之妙，妙在其臭。食品中有臭豆腐和臭蛋等，這種風味才

勉強可與小腳相比擬。前代纏足，乃一大藝術發明，實非虐政，更非虐政。」可見，其認為纏足也是一種「政績」。

辜鴻銘還有「壺一杯眾」高論。他娶第一任夫人淑姑還不到一年，就接著納日本人吉田貞子為妾，充第二任夫人，晚年又娶第三任夫人碧雲霞。三任夫人中有跨國婚姻，總算「一家三制」。

辜鴻銘還有一套為納妾而自圓其說的「悖論」。他說：「妾者，立女也。」其意是男人在外為家為國不惜勞苦地四處奔波，應有女子立於其旁，以作休息扶手之用。一言以蔽之，納妾是天意（上天的意旨，又是天理，天然的道理），是天經地義的事。他這一新奇的解說大大超出了《說文解字》的範圍，的確是一種標新立異，不能不惹得廣大女性特別是西方在華女性的厲聲指責與非難。辜鴻銘更據理力爭，提出他的「杯壺論」，振振有詞地說：「這茶壺和茶杯就好像男人和女人，一個茶壺配上幾個茶杯本來就是天經地義的事情。而一個茶杯配上幾個茶壺則是萬萬不可的。」這些悖論不用說是一般女子，即使是武則天有朝一日聽到，恐怕也會氣炸了肺的。

有道是爺醉酒爺心清，在原則問題上，在大是大非面前，辜鴻銘半點都不糊塗。他堅定不移地堅持和維護己見，認為要愛國，必先愛其文明。他曾再三告誡廣大的中國同胞，說：「洋人絕不會因為我們割去髮辮，穿上西裝，就對我們稍加尊敬的。我完全可以肯定，當我們中國人西化成洋鬼子時，歐美人只會對我們更加蔑視。事實上，只有當歐美人瞭解到真正的中國人——一種有著與他們真正不同卻又毫不遜色於他們的文明的人民時，他們才會對我們有所尊重。」這是字

字珠璣、擲地有聲的言詞，是發自肺腑之言。

19 世紀末，一股「黃禍論」甚囂塵上。

德國威廉二世畫出了《黃禍圖》，用鉛筆畫出草圖，並由畫家克納科弗斯完成，然後當作禮品送給沙皇。這幅《黃禍圖》對以中國人為代表的黃種人極盡污蔑之能事，說將給歐洲帶來威脅與禍害，呼籲歐洲白人聯合起來，迅速抵制黃種人的入侵。

直面這股反華逆流，血性的辜鴻銘胸中充滿義憤，他義無反顧，執筆奮書，用英文發表了《文明與混亂》一文，這是投槍，又是匕首，義正詞嚴地駁斥了詆毀中華民族荒謬無稽的論調，指出這是無恥之尤，無端生事，並嚴厲抨擊西方強權霸道的政治。他的義旗所向，銳不可當，被人們擊節讚賞，譽為駁斥「黃禍論」責無旁貸的第一人。自此爾後的數十年間，辜鴻銘一如既往，數十年如一日，以筆鋒為刀槍，奮起捍衛中華民族的尊嚴，滅了敵人的威風，也贏得了很多西方正義人士的敬重，極大地教化了歐洲和美洲人，再次說明了他沒有辜負洋人養父母的厚望。

1928 年，辜鴻銘患肺炎不治去世，享年 71 歲。他的學術範圍涉及多方面，成就是巨大的。不寧唯是，他不遺餘力地向西方社會大力傳播中華文化的傑出貢獻，也是舉國無雙、舉世聞名的。

德國著名作家勃蘭特夫人，素日對辜鴻銘由衷敬佩。當她得悉他的噩耗之時，深感惋惜道：「辜鴻銘死了，能寫中國詩的歐洲人還沒有出生！」這只是由衷之言，但也認證了西方人已經高度地認同辜鴻

銘在歐洲文化史上的傑出地位。他的貢獻讓世人驚奇，讓世界矚目。

19世紀末，正是西方人帶著種族偏見對中國進行種族歧視、文明歧視和民族欺辱之時，美國也制定排華法令，使華工備受淩辱。當此之時，辜鴻銘義無反顧地挺身而出，義正詞嚴地口誅筆伐「黃禍論」，捍衛了民族的尊嚴，維護了中國的「國格」；與此同時，他又大力向西方介紹中國文化典籍和東方古國的精神文明，並向世界大聲直呼：中國的文化與文明才真正是拯救世界的「靈物」，具備奇特的效驗，是靈丹妙藥。這在很大程度上改變了西方人戴有色眼鏡蔑視中華民族的眼光，也使中西文明得以溝通，思想得以交流，增進了雙方的友誼。西方人這才真正意識到這個東方古國文明的博大深遠，中國文化的源遠流長，中國人的博洽多聞、胸懷博大以及對人類普遍的博愛。中國有博雅之士，中國豈非無人！

奇人

飛毛腿麥鐵杖・戴宗

據《隋書》、《北史》記載，麥鐵杖，隋廣東始興縣人。不識書，驍勇有膂（脊骨）力（體力），走及奔馬。少時為盜，後投司徒楊素，從素徵突厥、擊楊諒，以戰功除右屯衛大將軍。遼東之役，為先鋒。嘗曰：「大丈夫性命自有所在，豈能艾炷灸，瓜上蒂鼻，治黃不差，而餓死兒女手中乎！」以先登陷陣戰死。諡「武烈」。

艾炷，以艾絨搓成的灸炷，用於灸術，俗呼「艾絨」。《北史・李洪之傳》：「疹病久療，艾炷圍將七寸，首足十餘處，一時俱下，言笑自若，接賓不輟。」

灸鼻，古代治病的方法。以艾炷灸鼻樑，以瓜蒂噴鼻。

麥鐵杖，名饒豐，號鐵杖，以號行世。生於陳朝和隋朝期間。其父姓何，名曾唯。母梁氏，廣東始興江口人。

古代對武士的挑選是非常嚴格的。其標準是，穿上胸甲、脛甲、臂甲，手執十二石（十斗等於一石）強弩，背五十支箭、十杆戈，戴

頭盔，佩劍，攜帶三天乾糧，半天跑完一百里。隋朝的麥鐵杖能日行五百里，可謂當朝的飛毛腿。

據《元和姓纂》十記載，麥姓是春秋時麥丘老人之後。麥丘本是戰國時齊國地名。齊桓公至麥丘，有老人祝壽，公封之麥丘，後因以為氏。麥姓分佈較廣。隋代有麥鐵杖，元代有麥文貴，明代有麥而炫。《麥氏族譜》載：「至隋朝有麥鐵杖者，東征遼東，屢立戰功，仕至右屯大將軍，其日行百里，吃麥三斗，賢孫三才皆以仕官。」

麥鐵杖本從父姓何，因征遼屢立戰功，隋文帝問其願任何職，麥鐵杖作答：「願能日食斗麥足矣！」隋文帝遂賜姓麥，成為嶺南麥氏始祖，即為麥氏來源，其後世子孫皆姓麥。隋文帝亡梁滅陳，結束西晉末年以來三百年的分裂局面，統一全國，麥鐵杖功不可沒，為隋朝開國元勳，也是功績卓著的大將軍。

麥鐵杖幼年時性情怪誕不羈，多所犯忤（不順從），使酒貪杯，由著脾氣，任情使性。交遊甚廣，守信義，酷好打漁狩獵，不屑經營產業、居積財貨、經營生利。陳朝宣帝太建年中，麥鐵杖聚眾成夥，搶掠財物，被廣州刺史擒獲，扭送陳朝都城治罪。麥鐵杖便沒入官府為奴，專司給皇上打御傘。退朝後，麥鐵杖退而不休，還有別的事等著他去幹，往往徒步百餘里趕在晚上抵達徐州，翻越城牆進去，手執火把及兵器，公然搶劫。凌晨又趕回來「上班」，到時又為皇上打御傘，交差了事。

麥鐵杖如此這般幹了十多次之後，成為慣習，每每得心應手，猶如探囊取物，已經成為慣匪。有的物主認得出他就是麥鐵杖，徐州官

府便將此事上報給朝廷。朝廷大臣見麥鐵杖每天早上都按時上朝執班，哪裏有人相信，都以為認錯了人。但劫案接踵而至，報告一個接著一個而來。給事郎蔡徵便想出一個辦法，懸賞一百兩白銀，求人將詔書火速送往徐州給刺史。

蔡徵，南朝陳濟陽考城人，字希祥，少聰敏，博識強記，繼母不慈而事之益謹。徵本名覽，景歷以為有王祥之性，乃更名徵，字希祥。初仕梁，陳宣帝太建中累遷至太子中舍人，後主重其才，遷戶部尚書。陳亡入長安，隋文帝聞其敏贍，召見顧問，言輒帝意。久之，除太常丞，終於給事郎。

重賞之下，必有勇夫。蔡徵的計策應驗了。

麥鐵杖主動要求承擔送詔的責任。果然第二天早上就趕回來交差。這時皇上和文武大臣們才大開眼界，深信麥鐵杖的確是能耐不小，有真本領。隋文帝對麥鐵杖的堅毅和勇武精神極其欽佩，同時又產生憐憫之心，對他諄諄告誡之後便赦免了他。

陳朝共歷五帝，33 年，589 年為隋所滅之後，麥鐵杖遷徙清流縣（今安徽滁州市）。江東叛亂時，車騎大將楊素招募麥鐵杖從軍。麥鐵杖頭戴草束（草帽）隱蔽自己，迷惑敵人，深夜渡江進行偵察活動，偵探到敵情，偵察清火力之後回來。後來又深入敵後，不幸被賊軍擒獲，賊帥李稜將他捆紮成粽子，使之動彈不得。又派三十四名士兵押解去給高智慧，走到慶亭時，士兵歇息吃飯，也暫鬆綁手讓他吃飯。麥鐵杖掌握時機奪刀，猶如斬瓜切菜般，一口氣就將全部押解的士兵殺光，火速逃回，還帶回割下的三十多個鼻子作為信物，證實自

己所言有據，楊素對他投出驚奇的目光。

亂局平定之後，評功授獎時卻沒有麥鐵杖的份。楊素從驛道趕回京師時，麥鐵杖就徒步追趕他，船到舳到，每天晚上都和楊素同宿一間驛站。接觸多了，楊素也瞭解麥鐵杖的意思，專門上奏皇帝，請求封麥鐵杖為儀同三司。

儀同三司，勳官名。隋置，秩從五品。

由於麥鐵杖不識字，幹不了這個差使，皇帝只有放他還鄉里。因雲州刺史李徹欽佩麥鐵杖驍勇，開皇十六年（596 年），隋文帝又徵麥鐵杖為車騎將軍，仍然在楊素麾下北征突厥，因戰功赫赫被封上開府儀同三司（秩正四品）。

仁壽四年（604 年），隋文帝病重，被太子楊廣所弒。楊廣為文帝次子，開皇二十年（600 年）勾結楊素讒陷兄楊勇，奪得太子位。楊廣即帝位後為隋煬帝。漢王楊諒（一名傑），文帝第五子，於文帝卒，遂發兵反，為楊素擊敗而降，除名為民，終幽囚以死。

因麥鐵杖跟隨楊素討伐楊諒作戰，捷足先登，攻城掠地，屢建戰功，遂被晉封為柱國。

柱國，官名，原為保衛國都之官，後以為最高武官或勳官。

後來麥鐵杖被任命為萊州（今山東萊州市）刺史。這是個閒職，無用武之地，白吃飯打發時光罷了，後來改任汝南太守。

汝南，泛指今河南魯山縣以東，寶豐縣以南，葉縣西北一帶地

區。麥鐵杖任命為太守，這實際上已經改行，從孔武行轉變為地方文官。他又得從頭學起，開始學習命令、指示、法律、法紀等。牛刀小試，擅抓治安，便使盜賊聞風喪膽，銷聲匿跡。

在一次朝廷集會上，考功郎中竇威對麥鐵杖以言詞笑話道：「麥是什麼姓？」麥鐵杖應對如流，作答：「麥豆半斤八兩，何必大驚小怪！」即竇威說這話也不臉紅！竇威自討沒趣，故無言以對。自此麥鐵杖才改變人們的眼光，大家向來認為麥鐵杖頭腦簡單，四肢發達，是一個冒失、粗魯的莽漢，這次才真正認識他是一個應變能力強，反應敏捷，天資聰慧過人的人。

半斤八兩，舊稱以十六兩為一斤，半斤八兩表示輕重相等，不相上下。宋惟自《法恭禪師》：「踏著秤硬似鐵，八兩元來是半斤。」

竇威，隋煬帝大業中遷內史舍人，數諫忤者，轉考功郎中，坐事免。

考功郎中，官名，為考功司的主官，唐宋屬吏部。

此後，隋煬帝又升麥鐵杖為右屯衛大將軍，且與之親密無間。

麥鐵杖屢建奇功而受重賞，受恩深重常懷「捐軀赴國難，視死忽如歸」的精神。後來隋煬帝討伐高麗，麥鐵杖自告奮勇，當先頭部隊衝鋒陷陣，一往無前。當時他已患黃疸病很厲害，史書載有他曾對醫生吳景賢道：「大丈夫性命自有所在，豈能艾炷灸額，瓜蒂噴鼻。黃疸沒治好，結果死在兒女手中！」他出征前將渡過遼水時，對三個兒子說：「你們備好淺色黃衫。我深受國恩，今天就是我的死期。我被

殺後，你們不愁富貴，只管忠誠與孝順，你們一定要努力做到！」這話最終成為訣別。

黃疸，一名黃病。病人的皮膚、黏膜和眼球的鞏膜發黃的症狀，由血液中膽紅素增高而引起。某些肝炎有這種症狀。

後來，橋尚未搭好，離東岸還有幾丈遠，成群的高麗兵便蜂擁而來。麥鐵杖便奮力躍上對岸，浴血奮勇殺敵。武賁中郎將錢士雄、孟金叉也接著躍上了岸，奮勇殺敵。其餘士兵躍不上去。由於寡不敵眾，士兵無可奈何地看著三位猛將為國捐軀。

武賁中郎將，官名。晉代沿置漢魏的虎賁中郎將，但改其名為武賁中郎將。虎賁郎即稱武賁郎，掌宿工侍從。

隋煬帝悲痛欲絕，且不禁悲咽起來，不惜重金購回麥鐵杖屍首，下詔道：「麥鐵杖志氣昂揚，驍勇善戰，功績卓著，功勳不朽，陪朕興師問罪，衝鋒陷陣，一馬當先，節高義烈，身殞功存。其遺言至誠，令人追懷傷悼，應該獲得殊榮，藉以彰顯其美德，可贈先祿大夫、宿國公，諡號『武烈』。」為厚葬麥鐵杖而舉行隆重的儀式，且厚待其子而贈以厚禮。

麥鐵杖死後的七百多年，元末明初時人施耐庵加工、寫定的《水滸》一書中有戴宗者，他是梁山一百單八條好漢之一，有「神行太保」這一綽號。

太保，舊時稱廟祝、巫者曰太保。宋俞琰《書齋夜話》引朱熹：「今之巫者言神附其體，蓋猶古之屍，故南方俚俗稱巫為太保，又呼

為師人。」《宋史・孫子秀傳》記子秀為吳縣主簿時，有人稱水仙太保，為子秀沉於太湖。

戴宗的甲馬不是指鎧甲和戰馬，指的是神符。《水滸》三八：「原來這戴院長……把兩個甲馬拴在兩腿上，作起神法來，一月能行五百里；把四個甲馬拴在腿上，便一日能行八百里。」清虞兆隆《天香樓偶得馬字寓用》：「俗於紙上畫神福像，塗以紅黃彩色，而祭賽之。畢即焚化，謂之甲馬。」

麥鐵杖是隋朝人，戴宗是宋朝人。宋朝的計量單位比隋朝稍短。宋裏與華里的換算關係是：1 宋裏=0.96 華里，800 宋裏=768 華里。

戴宗穿的是紙馬，即以印有彩色神像紅、黃色紙捆束在雙腿上，這樣就具備有神行術，所以健步如飛。據清代詩人與史學家趙翼《陔餘叢考》載：「世俗祭祀，必焚紙錢、甲馬。」平民百姓在航海、送葬、祭奠、進香時，都必燒紙錢和甲馬。但燒甲馬並沒有提速之意。有的人也忌諱燒香，以為燒香引寇。

總之，麥鐵杖日行五百里主要依靠的是體力、氣力和腳力，戴宗主要依靠神力。麥鐵杖還稍勝一籌，是過硬功夫，是跑得特別快的人，即為「飛毛腿」。

有史以來世界第一高人詹世釵

詹世釵是有史以來世界上最高的人。

據《鴻溪詹氏宗譜》記載:「世釵乳名五九,字玉軒,1841 年 12 月 20 日申時生,娶大英人氏,子澤純,1876 年 9 月 17 日卯時生。」

文物普查人員於 2010 年到江西省婺源縣浙源鄉虹關村,發現了迄今為止世界上身高最高的高人故居。高人故居祖居屋為明代建築,門廊足有 3 公尺多高,冠名「玉映堂」,又稱「長人故居」。同時這位高人的照片也被發現。此照片 1880 年左右攝於香港,以手摸有凹凸感,黑白色,總體無光。

據地方志《婺源縣志》記載:「清道光年間,虹關人詹真重,字衡鈞,出生未滿月,儼然六歲童,體重 30 斤。成年後身高有 8 尺。其子詹世鍾,同父一樣高大,臂力甚大,游經河南時,軍門特招之效用,並保舉六品銜。其四子詹世釵,身高亦有丈餘。」

宣鼎是清安徽天長人,號瘦梅。同治、光緒間以畫花鳥名,題畫詩詞亦俊俏,有《夜雨秋燈錄》。他在這本書上記載:一天,洋人看到了詹世釵,覺得非常奇怪,並以重金把他請去給他穿上官服,到處展覽賣票供人觀看賺錢。清朝對官服是有嚴格講究的,一般百姓不能穿官服,更不能穿著官服照相。據史料記載,詹世釵曾在上海玉映堂

墨廠做工，後被美國人重金聘請，周遊世界表演。後入英國國籍，娶英國人為妻，晚年客死在英國。

根據虹關村民詹慶德說，小時候聽父輩人說過，詹世釵的妻子還教過村裏小孩學英語。

王峰軍是河南青年，人們都公認他是高個子。但清朝的詹世釵還比他高出 0.74 公尺。美國的桑迪・艾倫更不在話下，詹世釵比他還高 0.88 公尺呢。

所以，詹世釵是有史以來世界上最高的人。

奇女子

十三

古代第一美人毛嬙

毛嬙，古美女名。《莊子·齊物論》：「毛嬙、麗姬，人之所美也。」《釋文》：「司馬（彪）云：毛嬙，古美人，一雲越王美姬也。」《戰國策·齊》四作毛嬙。《太平御覽》三八一引《莊子》作「西施、毛嬙」。

人們但知西施為中國古代第一大美人，殊不知比西施更美者尚有人在，那就是春秋時期越國絕色美女毛嬙。毛嬙才是貨真價實的古代第一美女。

相傳毛嬙是越王句踐的寵妃。

毛嬙、西施都是春秋末越國人，出生的年代相當。毛嬙是「沉魚」的原始形象，是美的化身。

沉魚落雁，《莊子·齊物論》：「毛嬙、麗姬，人之所美也。魚見之深入，鳥見之高飛，麋鹿見之決驟，四者孰知天下之正色哉。」莊子原意謂魚鳥不辨美色，唯知見人驚避，後人變為形容婦女美貌之

詞，並改鳥飛為落雁，遂有「沉魚落雁」之語。《朝野新聲・太平樂府》三《採蓮女》曲：「羞月閉花，沉魚落雁，不恁也魂消。」明湯顯祖《牡丹亭・驚夢》：「沉魚落雁鳥驚喧，羞花閉月花愁顫。」

原始的「沉魚」應指毛嬙，「落雁」應指麗姬，並非指西施和王嬙（王昭君），可見中國古代第一大美人非毛嬙莫屬。西施之美也難以望其項背。

但是為何西施名滿天下呢？

因為越王句踐以西施施展美人計，最終滅掉了吳國，使她的聲名鵲起，於是把毛嬙的名字遠遠地拋到了後面。再說昭君，西漢南郡秭歸人，名嬙或牆，字昭君。遠嫁匈奴呼韓邪單于，作為和親。亦聲名鵲聲，落雁之名亦屬昭君。浙江紹興縣南若耶山下的浣紗溪旁的浣沙石，相傳西施浣紗於此，故沉魚之名非西施莫屬。而春秋時期的絕色美人的名字也逐漸為人所淡忘了。

再說，其後對美女加以讚頌的巨著中，凡同時出現毛嬙、西施的，大多以毛嬙居前，西施列後。

戰國時法家學說集大成之代表作《韓非子・顯學》記載：「故善毛嬙、西施之美，無益吾面，用脂澤粉黛，則倍其初。」

戰國齊管仲《管子》中的《小稱》云：「毛嬙、西施，天下之美人也，盛怨氣於面，不能以為可好。」

漢淮南王劉安《淮南子》云：「今夫毛嬙、西施，天下之美人。」

以上巨著都把毛嬙列為首，西施則次之。但《淮南子》偶而也有把西施列為首者，言「西施、毛嬙，狀貌不可同，世稱其好美均也。」

女性美的標準「小蠻腰」

　　古今中外，人們對佳麗的評判都沒有一個統一的標準，現代的選美機構也只能從女性的面部、胸部、臀部等身段的比例及風度、舉止等方面提出一個原則性的要求。

　　中國 2500 多年前的《詩經》在《衛風·碩人》中，就有對衛莊公夫人莊姜的美貌的形容：「手如柔荑，膚如凝脂。領如蝤蠐，齒如瓠犀，螓首蛾眉，巧笑倩兮！美目盼兮！」其意為：兩手好像又軟又白的嫩芽，皮膚好像凝結的膏脂。頸子好像長而白的蝤蠐（蝸牛的幼蟲，白色），牙齒好像整齊而潔白的瓠瓜（花白色，果肉白色），蟬子似的方額，蛾子似的長眉。巧笑的酒窩啊！美麗的眼波啊！

　　這幾句詩言莊姜體貌之美。鍾惺云：「巧笑二句言畫美人，不在形體，要得其性情。此章前五句猶狀其形體之妙，後二句並其性情生動處寫出矣。」按：笑用一倩字，目用一盼字，化靜為動，化美為媚，傳神寫照，活畫出一個美人形象來。一時代有一時代之語言，自愧使用今語難以表達古語之妙。作者善於借助一些貼切而新穎的比喻，去繪形狀物，讓人一見之下，歷久難忘，這就是用「對比」的手法。詩中連用了六個比喻，不但寫出了　容貌，而又道出其　身份，最後又加上點睛之笑，使之更為傳神而栩栩如生，呼之欲出。清人姚際恒，少折節讀書。既而盡其詞章之學，專事經學。五十歲後，專心著述，以十四年之力成《九經通論》。又有《庸言錄》、《古今偽書

考》。他將上舉《詩經》句譽為「千古頌美人者無出其右」（《詩經通論》）。

德克薩斯是美國中南部的一州，也是美國本土 48 州中最大的一州。全州設有公私立高等院校 115 所，著名的德克薩斯大學是其中之一。該大學的美國猶太作家、1978 年諾貝爾文學獎金獲得者辛格所領導的研究小組曾對 34.5 萬部小說、戲劇與散文中有關描寫佳麗的段落加以分析。作品的大部分產生於英國與美國 16—18 世紀的英語文學著作，尚有小部分選自中國和印度 1 至 6 世紀的愛情詩歌和男女情慾作品。他們廣泛涉獵人類歷史及各民族的悠久文化，均隨手都可找出對佳麗細緻生動的描述，這些描述形象地描寫出各種美女的神態。公元前 4 世紀至公元 6 世紀，以希臘共同語描述的史詩，是從錯綜虛幻、豐富多彩的神話中概括提煉出來的，也是古希臘戲劇和藝術作品的重要題材。詩歌就是文學的初型，主要是抒情詩。

研究者對所涉及的作品裏屢屢出現描寫佳麗外貌的詞語進行對比，發現「纖細的腰圍」出現的概率較高。腰圍是腰部周圍的長度，是辨別女性生育能力及健康狀況的一個極其重要的依據。這是與雌激素水準緊密相關的。

雌激素是人和動物卵巢分泌的一類激素，屬膽固醇化合物。有兩類：①卵泡分泌的雌激素，刺激性器官發育成熟，引起並維持副性徵和性周期；②黃體分泌的孕酮，促進子宮發育，以接納受精卵，有安胎、抑制排卵並促進乳腺發育的作用。兩者及其衍生物和同型物均已能人工合成，應用於臨床和畜牧業。

女性到了青春期，即 10 至 20 歲，包括童年後期、少年期及青年早期階段，此期的主要特徵為體格生長的再度加速，生殖系統的發育驟然增快並漸趨成熟，包括乳房、陰毛、腋毛等第二性徵的相繼出現。由於受神經內分泌的調節變化，常出現精神、心理、行為方面的不穩定。獨立性加強，興趣廣泛，對外界反應的敏感性亦增高，但知識面尚欠廣。

女性到了青春期後期，腰、臀部隨著雌激素水準的提高而變細、變緊。隨著年齡的增大，腰、臀又會隨著荷爾蒙（激素的舊稱）水準的下降逐漸擴張，患病的概率必然增大。因此在男性的心目中，「小蠻腰」便成為佳麗的最高標準。這就是真正的美女的標準。但美在各朝代的標準不盡相同，例如，楚靈王好細腰，國中多餓死；漢以瘦為美，唐以胖為美，即「漢瘦唐肥」。

同時，男性對佳麗的欣賞還普遍注重態度端莊大方；有光澤的秀髮與潤滑的皮膚；乳房雙峰隆起；臥蠶眉；舉止要有神采；氣質輕圓柔緩；體態瑟縮，貌色低摧；臀稍峰起圓潤，腰部稍瘦削，形成「楊柳細腰」狀，亦即謂之「小蠻腰」；體型豐滿，外形窈窕。

公元 17 至 18 世紀的文學作品對女性的豐滿身段、豐潤的兩頰的描寫居多，西方文學以形容面部為水蜜桃居多，東方文學以「出水芙蓉」描寫居多。西方以單眼皮為美，東方以雙眼皮為上。

綜觀人類歷史與各族燦爛的文化，如古希臘史詩與神話，古代波斯的詩歌，中國先民歌唱的《詩經》，神話的故鄉《山海經》、澤畔的悲歌《楚辭》，失去的大觀園《紅樓夢》、寫實奇書《金瓶梅》，古

代埃及的詩作，古巴比倫文化，以及各民族的神話，儘管對佳麗的描寫千姿百態，各不相同，但對「小蠻腰」這一標誌健康美與生育能力旺盛的美均有普遍濃墨重彩之筆。

今天，人們也將婀娜多姿的高層建築形似女子姿態的優美稱為「小蠻腰」，如建於廣州國際會展中心附近（即赤崗塔附近）的廣州塔（世界第一高塔），人們就愛稱為「小蠻腰」。

美女‧才女‧烈女吳絳雪

　　吳絳雪，清浙江永康人，名宗愛。教諭吳士麒女，諸生徐明英妻。貌美工詩畫。康熙十三年（1674年），耿精忠叛，部將徐尚朝寇浙江，稱獻絳雪則地方可無事。時明英已死，絳雪為家鄉故，從賊行，至三十里坑，投崖死。有《徐烈婦詩鈔》。（《碑傳集補》卷六〇）

　　吳絳雪長得貌美端莊，玉潔冰清。長到十六七歲時，貌似出水芙蓉，身材亭亭玉立。她自幼秉承家學（即家族世代相傳之學），天資聰慧，心思敏捷，聰穎過人。年僅9歲即通音律（即音樂上的律呂、宮調等樂律），能隨聲唱和。11歲作處女作七絕《題晴湖春泛圖圖》：

　　畫橈縹紗欲凌空，兩岸桃花映水紅。
　　三十里湖晴一色，春來都在曉鶯中。

　　橈，划船的槳。曉，天亮，天明。詩中盡情抒發情懷，情味正濃，別具一番早春美景的趣味，讀之令人擊節讚賞。這是一鳴驚人之作。

　　絳雪12歲便能以詩入畫，設色柔和，構思精巧，堪稱精絕。書法甚工，一時聲名鵲起。她對造型藝術的繪畫亦有專攻，尤擅花卉靜物畫、人物畫、動物畫等，兼善靜寫生和室外寫生。傳世畫作有《落英》、《梅鵲圖》等珍品。

絳雪姿容嬌豔，體態嬌嬈，為紅杏一枝。不幸的是丈夫徐明英英年早逝，只剩下她一個孤零零的年輕未亡人。

絳雪的《詠四季詩》曾經享譽一時：

詠四季詩
鶯啼岸柳弄春晴夜月明，

香蓮碧水動風涼夏日長。

秋江楚雁宿沙洲淺水流，

紅爐透炭炙寒風御隆冬。

這首詩共 40 個字，第一句詠春天月明，第二句詠夏天日長，第三句詠秋天水流，第四句詠冬天紅爐。整首詩又可生發出四首七絕，每一句又生發出 28 字，分別詠春夏秋冬四季的七言絕句：

春
鶯啼岸柳弄春晴，

柳弄春晴夜月明。

明月夜晴春弄柳，

晴春弄柳岸啼鶯。

夏
香蓮碧水動風涼，

水動風涼夏日長。

長日夏涼風動水，

涼風動水碧蓮香。

秋

秋江楚雁宿沙洲，

雁宿沙洲淺水流。

流水淺洲沙宿雁，

洲沙宿雁楚江秋。

冬

紅爐透炭炙寒風，

炭炙寒風御隆冬。

冬隆御風寒炙炭，

風寒炙炭透爐紅。

此外，原詩又能生發成四首詠四季的五言絕句：

春

鶯啼岸柳弄，春晴夜月明。

明月夜晴春，柳弄岸啼鶯。

夏

香蓮碧水動，風涼夏日長。

長日夏涼風，動水碧蓮香。

秋

秋江楚雁宿，沙洲淺水流。

流水淺洲沙，宿雁楚江秋。

冬

紅爐透炭炙，寒風御隆冬。

冬隆御風寒，炙炭透爐紅。

這首詩文思縝密，構思精巧，採用修辭手法的迴文（迴文體），詩詞字句迴旋往返，都能成義可誦。南朝梁劉勰《文心雕龍·明詩》說迴文為道原所創，已佚傳。今所傳者以南朝宋蘇伯玉妻《盤中詩》為最古。宋嚴羽《滄浪詩話》列《盤中詩》為一體。《注》稱：「《玉臺集》有此詩，蘇伯玉妻作。寫之盤中，屈曲成文也。」宋刻誤失其名。另一種手法是採用重文、借字，但又不是通假字、借用字，而是前句的重讀。

有道是「屋漏更遭連夜雨，行船又遇打頭風」，禍不單行，吳絳雪青年喪夫成為未亡人，加上風雲變幻莫測，更悲慘的命運正在等待著她。

清漢軍正黃旗人耿精忠，康熙十年（1671 年）襲封靖南王。康熙十三年（1674 年），據福建與吳三桂同反，命其部將徐尚朝進兵，迅即攻克處州。是年六月，徐的大兵兵臨永康城下。他早年曾宦於處州（今浙江麗水市西），對吳絳雪的秀美姿容、才藝超絕早有所聞。此番入浙，又探知吳絳雪已是未亡人，住在縣城後塘弄的娘家，深居簡出，徐便故意揚言：「只有獻出絳雪，才能免除永康全城屠戮。」企圖將絳雪占為己有。絳雪驚聞，知噩運已臨頭，長太息以掩涕而後說：「未亡人終一死耳。」

未亡人，舊時寡婦自稱之詞。

接著，吳絳雪慨然應許。徐尚朝得悉後，立即號令部屬，路經永康嚴禁殺掠，自己則率軍進擊金華。當絳雪被護送經白窯嶺時，她突然勒馬止步不前，並叫護送的人取水解渴。她乘護送者不備這一難逢的瞬間，說時遲，那時快，便縱馬馳向懸崖絕壁，赴澗身亡，時年僅 24 歲。徐尚朝「癩蛤蟆想吃天鵝肉」，癡心妄想。

吳絳雪以其大智大勇維護自己的純貞，以其寶貴的青春向世人證明她靈魂的冰清玉潔，表明她心地的純潔。她不願把一朵玫瑰花插在牛糞裏。她出淤泥而不染，濯清漣而不妖，可遠觀而不可褻玩。她在破滅中求完整，在黑暗中求光明，在死亡中求永生。她以剛烈的行動反抗侮辱，保衛自身的純潔與堅貞，最終也保護了父老鄉親免遭厄運。她譜寫出人類最壯麗的詩篇，她的死亡，死得悲壯。

《梔子同心圖》是吳絳雪 23 歲時的傑作，將迴文詩的寫作技巧昇華到爐火純青的地步。

梔子，又名「黃梔子」、「山梔」，茜草科，常綠灌木，夏日開白花，頂生或腋生，有香。果實用水淬取可得黃色染料，用於紡織纖維染色。果實中的色素主要為梔子甘。果實入藥，性寒，味苦，功能清熱瀉火，主治熱病心煩、目赤、黃疸、吐血、衄血、熱毒瘡瘍等症。

此圖形若怒放的梔子花。全圖共有 165 字，中央是以「雪」為核心的 81 字組成方形之陣，其餘 84 字布成弧形，均勻地排列在梔子花瓣周邊，每瓣 14 字。梔子盛開，六瓣同心。按照一定順序羅列瓣之周邊與花蕊的文字，左旋右折，結構精巧工致，讀之使人勾魂，心神搖盪，不能自己。往復順逆，能吟出上千首詩詞之多，讓人叫絕。此謂「再鳴衝天」。

周皇后喋血明宮
——崇禎周後貴妃生同歡死同穴

　　明朝末代皇帝朱由檢，是光宗朱常洛的第五子。光宗是短命皇帝，1620 年即位，旋即患病，服鴻盧丞李可灼所進紅丸，次日即死，在位不滿一個月。由子朱由校即位，是為熹宗，即位六年後病死。又因光宗二、三、四子夭折，由張惶後力主，遺詔以皇弟信王朱由檢嗣皇帝位。這是幸運兒，「尾尾結鳳凰」。朱由檢繼位後稱為崇禎皇帝。

　　朱由檢接手的是一個爛攤子，不易收拾的局面，又混亂又難於整頓的殘局。外有強寇虎視眈眈，兵臨城下，於建州（今吉林東境與遼寧西南一帶）的女貞部落後金，對中原的物阜民豐垂涎三尺，蠢蠢欲動，不時進犯明土，關外土地全部淪陷；內有流寇十二家七十二營，趁機而起，而李自成、張獻忠等饑民蜂起尤為甚。朝廷中有魏忠賢等宦黨、熹宗乳母客氏等作亂，把朝廷攪成一鍋粥。思宗即位後，以快刀斬亂麻之勢，殺魏忠賢，斬客氏，毀生祠，贈恤天啟間被害諸臣，定逆案，將閹黨分別治罪。然天啟七年（1627 年）陝西農民揭竿而起，聲勢浩大，震動朝廷。崇禎二年（1629 年），後金重兵壓境，首次入關迫近京師，思宗又中反間計而殺督師袁崇煥，形成了內困於農民軍、外則無力御清之窘境。思宗又剛愎自用，17 年中，用輔臣至50 人，殺兵部尚書 2 人、總督 7 人；初年不用宦臣，繼而以為文武

均不堪用，乃復任宦官；理財則一再加派為三餉，致使人民負重如牛、苦不堪言，深結民怨，又於事無補。自崇禎六年（1633 年）起，河南成為「戰區」，接著以星火燎原之勢，波及湖廣、四川、江北各地。清兵日強，三次入關，盡占關外之地，兵鋒所向披靡。崇禎十六年（1643 年）三月，李自成破京師，帝自縊死。

崇禎帝與兄長熹宗完全不同，熹宗性好斧鋸椎鑿髹漆之事，厭聞朝事，悉委之魏忠賢，襄成客、魏擅權之結局。

這句話的意思是，明熹宗喜好當木匠，經常操弄鋸子開木料，用槌子敲打鑿，用鑿子挖槽打孔，常用這些手工工具，也喜歡用塗料（油漆）塗飾木器等。

崇禎帝受命於危難之中，一心想做個中興之王，把衰微的國家復興起來。他胸懷大志，但腹無良謀。在位十七年如一日，幾乎不知道遊樂享受為何物，他宵衣旰食，勤於政事。

宵衣，天未亮而穿衣；旰（晚，遲）食，指事忙不能按時吃飯，此句意指天未明就穿衣，日已晚方進食。陳鴻《長恨歌傳》：「玄宗在位歲久，倦於旰衣宵食，政無大小，始委於右丞相。」南朝陳徐陵《徐孝穆集》：「勤於聽政，旰食宵衣。」為美化封建帝王的套語。

但崇禎並非一個卓越而果斷的君主，而是一個倔強固執、自以為是、疑神疑鬼，任用小人和宦官、濫殺大臣、心胸狹猛、踐踏人才的無能之輩。他最終不能挽回明室危如累卵之敗局，且成了亡國之君，自己也身死名裂。

崇禎的生母劉氏，是神宗長子光宗被立為皇太子時的妃嬪，後已失寵。當她生下崇禎時，開罪於光宗，被責難而處罰死亡。事後光宗後悔莫及，又擔心父皇神宗知道了而責　他，甚至免除他的繼位權，就命宮中官署不得張揚出去，將她偷偷葬於西山。崇禎帝長大懂事之後，身邊侍從才將其生母的葬地告訴他。崇禎痛楚萬分，便將錢鈔暗地裏交與內侍，命代他前往祭奠，表示追念。後來熹宗駕崩，崇禎即位才公開追諡生母為孝純皇太后。又命畫工根據生母生前好友的回憶，描繪成生母畫像。像成之日，他親臨跪在午門恭迎，高懸於宮中，可見思宗也是一個大孝子。百業以孝為先，他也諳知「入則孝」與「哀毀骨立」之理（即因親喪悲哀而瘦損異常，如僅以骨頭拄身體）。

　　崇禎帝即位之後，冊立王妃周氏為皇后，並冊封田氏、袁氏為皇貴妃。

　　周後祖籍江南蘇州，後遷居大興。

　　大興府，金貞元年改析津府置〔今北京城西南，後改為大興縣。元至元二十一年改名大都路〕。

　　天啟年間，周氏以賢淑（賢慧）之名入選信王府。當時神宗的劉昭妃以皇祖母的尊位掌管皇太后的冊寶，凡宮中大事必先稟告於她。熹宗和張惺後僅存信王朱由檢一個弟弟，對他更為愛護備至，為他選妃時格外慎之又慎，按皇帝大婚的法則規格行事。當兩位貴人陪伴周氏款步趨前出現在張惺後視線時，張惺後感覺她太過幼弱。但劉昭妃不以為然，覺得周氏是亭亭玉立的身材，儘管瘦削一些，但瘦不見

骨，日後必然兩頰豐潤，身材豐滿，肥不見肉，豐（風）採動人，便一錘定音，周氏即被冊為信王妃。

1628 年，信王即帝位。「紅花還需綠葉扶」，周皇后成了賢內助，她執掌六宮後，吸取經驗教訓，改進工作，提高成效，把整個後宮管理得井然有序。

田妃，明陝西人，後遷揚州。生而纖妍，寡言多才藝。思宗為信王時即侍帝，崇禎元年（1628 年）封禮妃，進皇貴妃。以思宗寵幸有加而驕，謫居啟祥宮，旋夏召入，不久即病，去世後葬昌平天壽山，即思陵。

崇禎對工作兢兢業業，任勞任怨，日理萬機，常因批閱奏章直至夜半甚至淩晨，才下榻乾清宮御書房，與后妃們相狎而親近的機會不多。周皇后統攝內宮，治以禮法，威儀凜然。

然而，后妃之間相互爭寵、爭風吃醋、互相妒忌爭鬥之事多如牛毛。

田氏因自幼學得江南美女的翩翩風度，頗具大家風範，為絕代風華，風貌娉婷。她秀外慧中，凡琴棋書畫皆得其妙，兼之刺繡工藝、烹炒調製，一經授技，頃刻便有心得。她不愛紅妝愛武裝，且風姿瀟灑，擅長騎射，上馬挽弓，其發必中，人們都對她投以欽佩的目光。她舉止嫻雅，不苟言笑，精於才藝，故一進信王府便備受寵幸。崇禎帝每與田氏相伴，總感到樂不可支。或伴帝奏笛，或對帝鼓琴，或與帝對局，無一不精，她又是丹青（繪畫）妙手。田氏儘管美貌絕倫，

但不尚施粉黛，不精心妝飾包裝自己。帝每見到她均擊節讚賞清水出芙蓉，紅杏一枝，故十分寵幸田氏。

由於崇禎帝對田貴妃寵幸有加，田貴妃久而久之便滋長了驕矜的情緒，便目空一切，飄飄然得意起來，與眾妃嬪多有不和，甚至連周皇后都不放在眼裏。周皇后絕不容許田貴妃如此的驕傲自大，便以禮法對她加以約束。

有一年元旦，西風凜冽刺骨，按照法紀，田貴妃與眾妃嬪要往坤寧宮朝見皇后，先在坤寧宮門前廊殿等候。殊不知，你等我等她又等，田貴妃等了半日，仍未見周皇后命人出門宣旨召見。西風陣陣刺骨，田貴妃幾乎凍僵，且又挨餓。正在惱怒之時，皇后宣召她入見，參拜禮畢，連一詞也不發，無任何表示，兩人相坐了很久，皇后便下逐客令命她退下。田貴妃先是坐冷板凳，後又乘興而來掃興而歸，這正是「話不投機半句多」。

過了很久，田貴妃聽到眾妃嬪們說，袁貴妃來朝見皇后時，兩人談得很投機，滿心歡悅，又發出陣陣的歡笑聲，談笑多時且興盡而散。田貴妃不聽不知道，一聽氣得跳了起來。她咽不下這口窩囊氣，心理開始不平衡了，不管怎樣也不能平靜下來。一見崇禎帝，她便連哭帶訴一番，說自己受到如此的冷落，委屈滿肚。崇禎帝自然很不高興，以為她受盡羞辱，是皇后向他「示威」的表現，心裏也很不是滋味，開始對周皇后「感冒」了。

一天，崇禎與周皇后坐於交泰殿隨意敘談。周後又免不了談到田妃的不是，這正引起了崇禎的怒火，揮臂命皇后退下。皇后不聽，仍

要繼續嘮嘮叨叨。崇禎更火上澆油，一氣之下竟以全力推搡周皇后，說時遲，那時快，周皇后毫無思想準備，一下子站不穩腳跟而重重地倒在地上。宮人們忙上前攙扶，仍扶不起來，大家出盡九牛二虎之力，終於扶起。周皇后不由痛心地哭天抹淚道：

「陛下如此狠心待妾，難道不念當年為信王時，魏閹專權，陛下日夜憂慮，無人可商大事，只有陛下與臣妾共度患難之日。今日貴為君主，就忘了糟糠之妻嗎？妾死不足惜，只怕陛下也落得個寡恩的名聲！」

說罷，頭也不轉，便徑直返回坤寧宮。

三天之後，崇禎宣召坤寧宮太監問及皇后事宜。太監答道：「皇后三天不吃不喝，只是一味傷心哭泣，表示極度受屈。」崇禎聽罷，傷心不已，命內監帶上貂褥前去賞賜皇后，又傳諭百般撫慰。皇后終於消釋胸中的悶氣，起身叩謝皇恩，方始進食。有道「夫妻床頭打架床尾好」。

事見《明史・后妃列傳・莊烈帝愍周皇后》：「帝嘗在交泰殿與后語，不合，推後仆地，後憤不食。帝悔，使中使持貂褥賜後，且問起居。」

貂褥（裹層），貂皮繡成的夾衣。

後來，朱由檢繼帝位，為了使百孔千瘡的帝國起死回生，他起早貪黑地工作，同時盡力革故鼎新。

他自奉節省開支，減少飲食。

按照禮法，皇帝與后妃的衣服本來是穿一次就要換掉，後宮庫內的箱子堆積如山，盛的均為歷代帝後的衣服，朱由檢認為這太浪費人力物力財力，提倡節儉，詔令一個月換一次。他自己也身體力行，帶頭穿洗過的舊衣，大臣們曾目睹他的襯衣袖口磨爛，且弔著線頭。

榜樣的力量是無窮的，周皇后有時還親自搓洗衣服。田貴妃的生活也很儉樸，大家都愛護財力物力，一時宮中上下，精打細算、勤儉節約，也蔚然成風。

宮中舊有的用金銀製成的缸、盆、碗、碟等器物皆捨棄不用，也不再製造新的。後來不少金銀器物均拿到銀作局化掉以作月餉之用。

朱由檢在位十七年（1628-1644），從未大興土木，節省了大批經費開支。原有的宮女大批被遣出宮，也從未選美充實後宮。

朱由檢的勤政也超過任何帝王，夜以繼日又嘔心瀝血地工作，十七年如一日，白天在文華殿批閱奏摺和接近賢臣，晚間又在乾清宮看奏章。在國情緊急之際甚至連續幾晝夜都沒有閉上眼。

田妃目睹皇上如此為國盡心竭力，竭盡所能，也為之動容，對皇上也倍加關心，體貼入微。宮中有夾道一條，夏日炎炎，熾烈的太陽當頭高照，皇上往來於宮殿中常被太陽曬得汗流浹背，萬般無奈。

田妃看在眼裏，痛在心裏，便想出一個辦法，在夾道之間搭起一個席蓬遮擋了烈日，讓皇上和隨身扈從避免熾熱煎熬之折磨。同時，

田妃又將進入小黃門抬轎腳伕換為宮婢。對這些舉措，皇上均滿心歡喜。

事見《明史‧后妃列傳‧田貴妃》：「宮有夾道，暑月駕行幸，御蓋行日中。妃命作籧篨覆之，從者皆得休息。又易小黃門之昇輿者以宮婢。」

籧篨，用葦或竹編的粗席。

昇，抬，槓；輿，轎。肩輿，用人力抬扛的代步工具。

一次，周皇后與崇禎帝在永和門賞花，正當興致勃勃之時，周皇后感到少了一個人，袁妃已經在場，唯獨不見田妃。有花無人不精神，有人無花俗了人。皇后見崇禎沒精打採，已知道他的心病，心病還須心藥醫，便啟奏崇禎帝宣召田妃一同出來賞玩花景。崇禎自然裝模作樣地拒絕，皇后便命身邊的小太監駕車到啟祥宮接來田妃。田妃喜不自勝地來了之後，崇禎見她玉容憔悴多了，上次因口角推倒周皇后之後又反悔，並遷怒於田妃，讓其搬至啟祥宮思過，三月不召見，這次皇后主動提出，並解釋：「以前我那樣對待田妃，是為了折折她的傲氣，既是為她好，也是為大明江山社稷著想，並不存在個人私怨。」

這次后妃相見，捐棄前嫌，相好如初。崇禎帝亦心情暢快。帝、后、妃共同賞花，玩得十分開懷，歡度了一段美好的時光。

據《明史‧后妃列傳‧莊烈帝愍周皇后》：「一日，後侍帝於永和門看花，請召妃。帝不應。後遽令以車迎之，仍相見如初。」

田妃的肚皮爭氣，曾為帝生了永王慈炤、悼靈王慈煥、悼懷王及皇七子。這些皇子除四皇子永王慈炤於京城陷落時不知所終外，其餘皆早夭折。

田妃由於三個孩子連續夭亡，感到萬分悲切，陣陣悲酸湧上心頭而發病，遂於崇禎十五年（1642 年）七月竟先帝後而去。諡曰：恭淑端惠靜懷皇貴妃。葬昌平天壽山（一名黃土山），即思陵。

後來，努爾哈赤建立的後金政權聲勢日益浩大，國內農民軍蜂起，京師告急，周皇后婉轉進言道：「我在南方尚有一家居室。」崇禎想問詳情，但皇后又不願多講，也許是為了提醒皇夫南遷，又忌諱這樣說恐怕是不好的預兆，有所顧慮，故吞吐其詞。

崇禎十七年（1644 年）三月十八日，李自成的大順農民軍攻破北京，紫禁城內混亂不堪。崇禎不見棺材不下淚，這時才哭喪著臉對周皇后說：「大勢去矣。」鳥之將死，其鳴也哀，人之將死，其言也善。周皇后頓足捶胸，極度悲痛道：「臣妾服侍陛下十八年，最終都沒有見到陛下聽我一句話，所以才會有今日。」崇禎又道：「你為國母，理應殉國盡忠。」周後道：「今陛下命臣妾死，臣妾豈有不從之理？」她接著同太子朱慈烺及定王朱慈炯、永王朱慈炤抱成一團，大哭一場。看著三位皇子驚慌失措地逃出宮去。崇禎隨後命皇后自裁。皇后便走入內室，閉門自縊而死。

崇禎又命袁妃自縊，由於繩子斷了竟然沒有死，崇禎匆匆拔出長劍向她刺去，驚嚇之中只砍了她的肩膀，他神色驚慌之中又砍了幾個嬪妃，但袁妃卻奇跡般地活了下來。

事見《明史・后妃列傳・莊烈帝愍周皇后》：「崇禎十七年三月十八日暝，都城陷，帝泣語後曰：『大勢去矣。』後頓首曰：『妾事陛下十有八年，卒不聽一語，至今日。』乃撫太子、二王慟哭，遣之出宮，帝令後自裁。」

崇禎帝又砍倒自己的親生女兒長平公主，接著與司禮監秉筆太監、當時提督京營的王承恩共飲數杯酒。又咬破手指，蘸上指血親自書寫遺詔，放入衣襟記憶體好，然後登上煤山（今北京城內景山公園中景山），在壽皇亭內自縊而死，年三十五歲。王承恩也在對面一棵樹上縊死。

皇上自縊，皇后自縊，樹倒猢猻散，宮中一片混亂，弄得雞飛狗走。當大順軍沖進宮中時，宮人們紛紛奪路逃跑，隱藏匿跡。宮人魏氏卻大呼大叫：「我們必定受到污辱，有志的人要及早想出對應的策略！」說完，縱身躍入御河而死。

御河，中國封建時代稱皇帝御用的河道為「御河」。如隋的通濟渠、木濟渠，清京師皇城內的玉泉，皆有此稱。

在魏氏帶動下，宮人們紛紛傚仿，有一二百人縱身死於御河中。

事見《明史・后妃傳・莊烈帝愍周皇后》：「有宮人魏氏者，當賊入宮，大呼曰：『我輩必遭賊污，有志者早為計。』遂躍入御河死，頃間從死者一二百人。」

有一宮女費氏，年僅十六，被大順軍團團圍住，無法衝出羅網躍入御河殉身。見敵軍殺氣騰騰地沖著她而來，便縱身投入乾枯的井

中。她萬萬想不到縱身投井之時竟被敵軍看見。他們立刻搶步趕上前去，並以掛鉤把她鉤出井來，見她長得俊俏動人，互有爭奪之意。

費氏一時沉著，眉頭一皺，計上心來。為了擺脫險境，她面對眾軍士大喊一聲：「不許無禮，我是皇帝的長公主！」

長公主是長平公主，明思宗女，名徽媞。李自成軍破京師時，帝揮劍欲殺之，斷左臂，昏而復蘇。清順治二年（1645年），上書請入空門，詔乃歸原許婚之周世顯，旋卒。

「長公主」態度凜然不可侵犯，使眾軍士莫不敢犯，便七手八腳地將她擁見李自成。

李自成命中官審判。

中官，朝中內官。宦官，太監。

中官回報這不是長平公主，是費氏。李自成便將她賞給一位姓羅的將軍。

費氏對羅道：「婚姻大事，不可輕易苟合，將軍既喜歡我，就應該擇個良辰吉日，舉行參拜天地、公婆、父母的儀式，才能成親。」

羅自然滿心歡喜，於是擇吉日良辰舉行大婚儀式，大辦筵席。羅將軍被灌得爛醉如泥，才被眾人攙扶著進入洞房，嘴裏胡言亂語起勁地嘮叨著酒話，三醉兩醒地搖頭晃腦。費氏見時機已到，忙從懷中拔出匕首，採取斷然措施，猛然向其喉嚨刺去，白刃進去，紅刃出來，羅將軍便斷送了性命。接著費氏便下定決心，不顧一切地舉起匕首，

猛地對著自己的喉嚨刺進天下最冰涼的一刀，立即身亡倒地。

事見《明史·后妃列傳·莊烈帝愍周皇后》：「宮人費氏，年十六，自投眢井中。賊鈎出，見其姿容，爭奪之。費氏始曰：『我長公主也。』群賊不敢逼，擁見李自成。自成命中官審視之，非是，以賞校羅某者。費氏復給羅曰：『我實天潢，又難苟合，將軍宜擇吉成禮。』羅喜，置極歡。費氏懷利刃，俟羅醉，斷其喉立死。因自詫曰：『我一弱女子，殺一賊帥足矣。』遂自刎死。自成聞大驚，令收葬之。」

眢井，乾枯的井；給，欺哄。

天潢，皇族、宗室稱「天潢」；苟合，隨便附合。

寧為玉碎，不作瓦全。寧做英雄的寡婦，不做賊頭的妻子。寧願站著死，不願跪著生。費氏大義凜然，不可侵犯。這是個多麼動人心弦的場面，使聽者無不為之動容。這就是剛正有節操的烈女，誓死保全貞操的烈女，叫人為之欽敬，叫人為之泣下。

李自成大軍沖進皇宮後，找到了周皇后的屍體，其面容慈祥，猶如活著時一樣，只是周身衣服以線層層密縫著；崇禎帝死後披頭散髮，頭髮修長且散亂地覆蓋著面孔，身上穿著藍袍，赤著左腳，右腳穿著一隻鞋。

大順軍入城之後，被勝利衝昏頭腦，驕橫自傲，失卻警惕。

吳三桂武舉出身，以父蔭襲軍官。明末任寧遠總兵，封平西伯，

駐防山海關。李自成克北京，招他歸降。不從，反致信多爾袞，引清兵入關，受封為平西王，聯合清兵進攻大順軍。李自成迎戰失利，退出北京。兵敗南下。

清軍很快進入北京城，找到朱由檢和周皇后的屍首，用柳木棺成殮（入殮），寄於寺廟。經獨攬大權的攝政王多爾袞決定，將崇禎與周皇后的木棺併入田貴妃的陵墓，這已是田貴妃死後的兩年。經過一段時間的勘測工作，方將墓道修好。啟開田妃陵墓一看，真湊巧，安放棺木的陵床非常寬大，再安放兩口棺材綽綽有餘。這樣，田妃、崇禎帝、周皇后便同穴長眠於此。寢園被取名為思陵，「思」即明思宗。

清世祖福臨定鼎中原之後，周皇后被諡為「莊烈愍皇后」。清兵入關後，朱由檢被諡為「懷宗」，無廟號，後改「莊烈帝」；南明諡「思宗」，後改「毅宗」。

清廷命有司撥給袁貴妃住宅，供給生活所需的費用，以便贍養終身。這也是大難不死，必有後福。

有司，官吏。古代設官分職，事各有專司，故稱有司。

皇甫規妻忠貞不屈

皇甫是複姓。春秋宋戴公之子曰皇父，因氏命族為皇父氏。至秦改皇甫。

皇甫規，漢朝那人，字威明。漢桓帝延熹中舉中郎將。黨獄起，一時賢者多受株連，規恥不得與，竟上書自訟，朝廷置不問。後任尚書，遷護羌校尉卒。

「皇甫規妻，漢中郎皇甫規之妻，貌美善文，能草書。規卒，年猶盛。董卓聘之，詣卓門，跪陳辭情，卓使奴拔刀圍之。知不免，罵卓欲行非禮，遂被害。」

東漢時，董卓專擅朝政，兇暴滋甚。朝人皇甫規之妻才貌雙全，善屬文，能草書，她經常替夫君寫往來書牘，名聲在外，名望極高。

皇甫規去世之時，其妻年齡猶盛。當時的相國董卓，早已仰慕她的名望，此時亦垂涎欲滴，以有帷蓋的百乘車子、二十四匹高頭大馬聘娶她，送來的奴婢和錢幣、布帛等棉織和絲織品都充塞了道路。

皇甫規之妻這時身穿便服，不加修飾地來到董卓府上，下跪對董卓率直陳言，請求董卓放過自己，言辭表達心頭之酸楚、悲哀與淒涼。但董卓始終不改初衷，索性強娶。

為了對皇甫規妻施加壓力，董卓命令身邊的奴僕侍者都拔出刀來

圍住她，並對她說：「我的聲威命令，能使天下的人望而生畏，還對付不了一個弱小的婦人嗎！」

皇甫規妻知道逃不過魔爪，於是從容地站立起來指著董卓大罵道：「你是羌胡的種，毒害天下難道還不夠嗎？我的祖先，累世有高尚純潔的情懷，高山景行。皇甫氏文武均為高才，是漢室忠臣，赤膽忠心，你難道不是在其手下供奔走驅遣的走卒嗎！今竟狗膽包天地對你主人的夫人行非禮之事，你連豬狗都不如！」

董卓獸性大發，於是下令將皇甫規之妻的頭弔在庭院中車轅前的橫木上，以棍棒擊之。皇甫規之妻厲聲道：「為什麼不打重些？快點讓我死就是你們的恩惠。」最終被擊斃於車下。

後人為她畫像，認為她是遵守禮法的模範，所以號稱她為「禮宗」。

人敬有錢人狗咬破衣人
──清河公主賣身為奴

綜觀歷代典籍，各個朝代之興衰嬗遞，有如風水輪流轉，每當在國家衰亡之際，往往隨之而來的是家破人亡，釀出一幕幕人間悲劇，連皇帝的千金亦不例外。

晉惠帝司馬衷，字正度，武帝次子，性癡呆。天下荒亂，百姓多餓死，曾說：「百姓餓死，何不食肉糜？」290 年至 306 年在位。即位初，楊駿輔政，尋曲賈后專政。諸王相爭，演成八王之亂，綱紀大壞，賄賂公行。惠帝先被成都王司馬穎劫至鄴，復被河間王司馬顒挾持入長安，後被東流王司馬越迎洛陽，傳被越毒死，在位十七年。

賈后產四個千金，長女河東公主，次女臨海公主，再次女始平公主，小女哀獻皇女。其中，臨海公主時運不濟，命途多舛。

臨海公主原被封清河公主。正當西晉滅亡之時，洛陽大亂，宮中皇族紛紛奪路逃難，不幸途中迷路，遂與家人離散，各奔西東。正當此時，一介鄉村野老發現了清河公主，他並不明公主身份，竟為了幾文錢將她變賣給吳興人錢溫為奴婢。

錢溫有一女，自幼受到嬌縱，長大以後便嬌慣壞了，對家裏的侍婢不是動口罵，就是動手打，又經常頤指氣使，極具優越感，自以為

高人一等，作威作福，作惡多端，霸氣凌人。清河公主被買之後，錢溫便把她交給女兒充當丫頭，於是公主剛脫離鬼門，又入狼窩，多災多難的命運正在等待著她。

清河公主天生麗質，儀表俊秀，舉止端莊。又因身上帶著皇室血統，所以她的一笑一顰均極富韻致，這種溫順的氣質不同凡俗，是那些小家碧玉所未能企及的。這便必然使錢溫女兒看在眼裏，妒忌在心裏，她再三追問公主被賣之前的真實身世。公主守口如瓶，防意如城，含混支吾了事。

冷酷無情的錢溫女兒，經常把公主當做差役使喚，差遣她做這做那。稍微不檢點就以鞭子抽打，使之受盡皮肉之苦，並且關入黑房，百般折磨。更有甚者，連續幾個晝夜不供吃喝，手段極其殘酷兇狠。公主孤身隻影，舉目無親，苦水只有往肚裏吞，呼天天不應，喊地地不靈，她暗自思量，昔日做皇女的美好時光，已經成為過眼雲煙，消失得無蹤無影。此正是：

龍遊淺水遭蝦戲，
虎落平原被犬欺。

西晉滅亡後，317 年，司馬睿（晉元帝）在建康（今南京）重建政權，是為東晉。清河公主聽聞這一信息，猶如從漫漫黑夜中看見一道黎明的曙光，獲得一線希望。

一日，果真時機從天而降，錢溫女兒差清河公主外出購買脂粉。正當這一千載難逢之機，她乘人不備，拼命奔出火坑。跋山涉水，日

夜兼程，歷盡各種磨難，終於抵達都城，求見當朝天子晉元帝。可是守門衛士目睹她衣衫襤褸，周身奴婢打扮，便加以拒絕。她苦苦哀求，好說歹說，但衛士仍認為她不可能是前朝晉惠帝的公主。她無奈指天賭咒之後，門衛才半信半疑，於是同意向上級如實稟報，終被應允求見。

清河公主跪在晉元帝面前，涕淚縱橫，泣不成聲，甚悲且哀，一五一十地陳訴著顛沛流離而且又顛連無告的磨難生活。晉元帝並非鐵石之人，亦是血肉之軀，他同情公主悲慘的遭遇，慨歎不已，對錢溫及其女兒更為惱怒，於是下詔命人押解他們父女歸案，投入死牢。

接著，晉元帝將清河公主改封為臨海公主，下嫁宗正曹統為妻。

公主終於撥開烏雲，重見天日，過著新的生活。此所謂「柳暗花明又一村」。

壞人罪有應得，好人揚眉吐氣，公主悲慘的際遇，最終以喜劇結局。

走近蘇妲己
——蘇妲己千古背罵名

　　司馬遷在《史記·殷本紀》第三對紂王曾有詳細的記載：一天，武乙到黃河、渭水一帶去打獵，突然遭遇雷殛（殺死或震死），兒子太丁（一作文丁）繼位。太丁死後，又傳給兒子帝乙。帝乙即位後，殷朝國勢日益衰弱。

　　帝乙的大兒子生在微（或封在微），封為子爵，名字叫啟。但啟的生母是身份低微的婢妾，因此啟雖是長子卻不能繼位為帝。帝乙的小兒子叫辛，辛的生母是正室，所以就讓辛做繼承人。帝乙一死，兒子辛就即位，天下人都叫他「紂」。紂之意是「殘又損善」，他正確的名字是商代的第三十二位皇帝，名辛，號「帝辛」。

　　《史記》也記載帝紂這個人聰敏過人，見多識廣，不論聰明、勇力都超過一般人。他的勇力能赤手空拳與猛獸搏鬥，他的聰明能排拒他人的勸諫，即人家想開口說的話他早就知道，所以你尚未開口說話，他就搶先加以駁斥，他的口才極好，能夠說得天花亂墜、有聲有色，非常動聽。

　　天花亂墜：據說梁武帝時，雲光法師講經，感動了上天，天上的花紛紛降落下來。後比喻說話浮誇動聽，或以甘言騙人而說得石頭點頭，天花亂墜。

帝紂常把自己的錯誤掩飾得天衣無縫。

天衣無縫：神話傳說，仙女穿的天衣，不用針線製作，沒有縫兒，沒有破綻。《太平廣記》六八引《靈怪記》，說太原郭翰暑日臥庭中，見有少女冉冉自空而下，視其衣，無縫。翰問故，女答道：「天衣，本非針線為也。」後指事物渾然天成，沒有一點雕琢的痕跡。

帝紂常拿他的能力向眾臣自我誇耀，又常認為自己的聲望高於天下；他自詡天下所有的一切都在他之下。他喜歡喝酒，而且過分地貪圖享樂。

北里，古舞曲名。曹植《七啟》：「揚北里之流聲。」晉阮籍《詠懷詩》：「北里多奇舞，濮上有微音。」

帝紂為了增加朝歌城裏鹿臺中的錢財，不惜橫征暴斂，搜刮人民財產。為了充實巨橋倉庫中的存糧，更是不惜苛捐雜稅。同時從四方搜求走狗、跑馬、珍奇、好玩，以充實宮中的擺設，擴建沙丘的花園，刻意地修繕園內的亭臺樓閣，並整日在沙丘園中尋歡作樂。池子盛滿了酒，到處懸掛著肉，儼然一處樹林。他在其中通宵達旦地飲酒行樂。

帝紂的殘暴與貪婪使人民怨氣衝天，憤恨不已，有的諸侯已經叛變。於是紂王就使用炮烙酷刑。紂以西伯昌（周文王）、九侯、鄂侯為三公。九侯有美女，送給紂，紂不喜歡，把她殺掉，並把九侯剁成肉醬。鄂侯跟他爭論，因言詞過激，他不但殺了鄂侯，還把他的肉做成

脯幹。西伯昌聽到了不敢再說，只有暗自歎息。不知怎的被崇侯虎聽到了，就告密給紂，紂把西伯昌囚禁在羑裏。

《史記》還記載周武王十一年（公元前 1066 年）二月甲子這天打敗紂王。紂王逃入城內，登上鹿臺，穿上他綴有珍珠寶玉的衣服，引火自焚而死。周武王於是砍下了紂王的頭，跟一面白旗一起掛了起來。又砍了妲己，使其身首異地，這就是暴君走到窮途末路的必然後果。

明朝的《封神演義》（《封神榜》），在第三回《姬昌解圍進妲己》及第四回《恩州驛狐狸死妲己》的一段：「妲己進午門，過九龍橋，至九間殿滴水簷前，高擎牙笏，進禮下拜，口稱：『萬歲！』紂王定睛觀看，見妲己烏雲疊鬢，杏臉桃腮，淺淡春山，嬌柔腰柳，真似海棠醉日，梨花帶雨，不亞九天仙女下瑤池，月裏嫦娥離玉闕。妲己啟朱唇似一點櫻桃，舌尖上吐的是美滋滋一團和氣，轉秋波如雙彎鳳目，眼角里送的是嬌滴滴萬種風情。妲己口稱『犯臣女妲己願陛下萬歲，萬歲，萬萬歲』！只這幾句，就把紂王叫的魂遊天外，魄散九霄，骨軟筋酥，耳熱眼跳，不知如何是好。當時紂王起立御案之旁，命：『美人平身。』令左右宮妃『挽蘇娘娘進壽仙宮，俟朕躬回宮。』忙叫當駕官傳旨：『赦蘇護滿門無罪，聽朕加封，官還舊職，國戚新增，每月加俸二千擔，顯慶殿筵宴三日，眾百官首相慶賀皇親，誇官三日。文官二員、武官三日送卿榮歸故地。』」

隨著《封神演義》的廣泛流傳，人們對妲己就更為熟知了。

《封神演義》還說妲己是千年狐狸精變化成人的，迷惑紂王依戀

酒色，貽誤國家，使人民受害無窮。周武王滅商後，欲斬此妖姬，又因被她的美色所迷惑，刀斧手不忍下手，最後在周武王的正氣凜然威懾下，終於原形畢露，狐狸藏不住尾巴，被佐文王、武王為計滅商立大功的姜尚所斬。

有的野史雜說還說妲己是一個比蛇蠍還狠毒的美女，是千古淫亂猥褻的罪魁禍首，罪不容誅。

歷來沿襲至今的中國古史框架，基本上是司馬遷在《史記》中構建的。由於時代與資料的局限，不論是孔子或司馬遷構建的以黃帝為始祖的史論，還是史學家們構建的以黃河流域為中心的古史框架，都與中華民族歷史悠久的文化傳統不盡吻合，也造成了對中華民族的諸多認識誤區，因為中華民族的歷史是萬年史而並非五千年史。

經過歷代人的持續努力，對考古學、民俗學、人類學進行堅苦卓絕的研究而獲得卓然的成就，逐漸揭開了歷史的本來面目，尤其是使人豁然醒悟的考古新發現。

19 世紀末至 20 世紀初，在今河南安陽市西北的小屯村，發掘出商代後期都城遺址，其中遺物有銅器、玉器，尚有龜甲與獸骨上所刻的大量卜辭與文字。這些遺物的成功發掘引導人們走出認識的誤區。

對於妲己要紂王砍開一老一少二人脛骨驗證，要紂王傳令剖孕婦之腹以驗視胎兒以及唯婦人之言是聽這些嚴重罪惡，尤其令人難以置信。

河南安陽是商紂的故都，戰國魏地，秦昭襄王取其地改名安陽，

以縣城在壽山之南得名。西郊小屯殷墟為殷都遺址，出土大批甲骨文（世界文化遺產）。從卜文中可見商朝人普遍重視與信仰神仙鬼怪，事無鉅細，動輒在神面前求籤問卜來占凶吉，以解決疑難問題，瞭解五行陰陽休咎之應。這在已發掘出土　的甲骨文中，均有準確的記載。

帝辛在位三十年（前 1075-前 1046），伐有蘇國（故地在今河南武陟縣東），得有蘇氏女妲己。此時殷國力正隆，如日中天，他已有六十多歲了，而妲己正處妙齡，這是「老牛吃嫩草」。妲己美豔絕倫，帝辛知好色則慕少艾，只有寄情於聲色犬馬、縱情淫樂的生活中。當時姬昌的長子叫伯邑考，太姒所生。質於商，為紂御（駕駛車馬）。曾因前往朝歌覲見時，被妲己的美色誘住，因此拼命追求，所以觸怒了帝辛。時紂囚文王於羑里邑，一作羑邑（在今河南湯陰縣西北）。烹伯邑考為羹，賜文王食。伯邑考向妲己瘋狂猛追，這無異於虎口拔牙，不葬身才怪呢！

「周」本是古部落，始祖后稷，原居邰（今陝西武功），傳到公劉，遷到豳（今陝西旬邑西南），古公亶父時，定居於周原（今陝西岐山北），部族日臻強盛，周遂成為部族名，周文王時，遷都於豐（今陝西西安市長安區灃河以西）。

早在古公時代，周部族便對商虎視眈眈，《詩經·魯頌》中記有一段《閟宮》詩：

后稷之孫，實維天王，居岐之陽，
實始翦商。

翦是滅除，消滅，傾覆。

《左傳‧成公十三年》：「又欲闕翦我宮室，傾覆我社稷。」

帝辛當時都把視線放在東南一帶地方，同時重點經營這片廣大的土地。對日益強大的西北的周氏族忽視了，讓周獨自坐大，實行蠶食政策，逐漸吞滅周邊小國。首先吞滅涇渭平原上的密須、徂、共、阮等部落。

密須為商時姞姓之國，故城在今甘肅靈臺縣西；阮是商代諸侯國，偃姓，在今甘肅涇川縣境。《詩‧大雅‧皇矣》：「侵阮、徂、共。」阮、徂、共三國犯周而文王伐之。

周再穿過黃河，征服了黎、邗等部落。

黎，在今山西壺關縣西南，「西伯既戡黎」，為周所併；邗，一作盂國。在今河南沁陽市西北。春秋後屬鄭，而後又屬周。

當是時，黃河以南的虞，周時方國，在今河南虞城縣北；崗，商時方國，在今陝西大荔縣東南。這些國家望風歸順。此時，周已鯨吞的地方逐漸形成了對商的包圍圈，其勢逐漸對商構成了武力威脅。

周人的首都也遷於豐，周人正潛謀獨斷，整軍經武（即整頓軍備，致力武事），同時又展開強大的政治攻勢，以便征服人心，務虛務實，虛實並進，大張旗鼓地宣傳，進行政治攻勢。重在捏造事實，以造謠中傷妲己為禍水；又栽贓陷害紂王，極盡醜化之能事，使他醜態百出。誣衊妲己是一個驕橫奢侈、態度驕慢、怪異不祥的妖魔鬼

怪，心腸殘忍、兇狠毒辣的蛇蠍美人；誣陷帝辛是一個爭強好勝、好高騖遠、好大喜功、殘酷無情、兇狠殘忍，殘暴不仁的暴君，是一個「唯婦言是用」的小丑。

姬昌死亡之後，姬發伐紂，其四子姬旦（周公）興師動眾，討伐無道，宣佈帝辛的十大罪狀，天人共憤，罪不容誅。於是聯合天下諸侯於孟津形成強大的統一戰線，以堂堂之陣、正正之旗，師出有名，一鼓作氣攻克了商朝首都朝歌。

武王遵文王滅商遺志，結盟諸侯，興師伐紂，牧野之戰大勝，滅商，建立了周王朝，都鎬，分封諸侯。滅商後二年而死，在位十九年。

《封神演義》第九十七回《摘星樓紂王自焚》中說妲己是九尾狐狸，且看姜子牙審裁她們的一段：「你這三個業障（九頭雉雞精、玉石琵琶精與妲己），無端造惡，殘害生靈，食人無厭，將成湯天下送得乾乾淨淨；雖然是天數，你豈可縱慾殺人，唆紂王造炮烙，慘殺忠諫，治蠆（即蠍類毒蟲）盆荼毒宮人，造鹿臺聚天下之財，為酒池、肉林，內官喪命，甚至敲骨吸髓，剖腹驗胎；此等慘惡，罪不容誅，天地人神共怒，雖食肉寢皮，不足以盡厥辜！」

若照這等罪惡累累，妲己千刀萬剮亦死有餘辜。

且聽妲己的訴求：「妾身繫冀州侯蘇護之女，幼長深閨，鮮知世務，謬蒙天子宣詔，選為妃。不意國母薨逝，天子強立為後。凡一應主持，皆操之於天子，政事皆掌握於大臣。妾不過一女流，唯知灑掃

應對，整飾宮闈，侍奉巾櫛而已；其它妾安能以自專也。紂王失政，雖文武百官不啻千百，皆不能釐正，又何況區區一女子能動其聽也？今元帥德播天下，仁溢四方，紂王不日授首，縱殺妾一女流，亦無補於元帥。況有語云：『罪人不孥。』懇祈元帥大開慈隱，憐妾身之無辜，赦歸故國，得全殘年，真元帥天地之仁，再生之德也。望元帥裁之！」

眾諸侯聽妲己一派言語，大是有理，皆有憐惜之心。但姜子牙認為她「巧語花言，希圖漏網！」命左右「推出轅門，斬首號令！」但妲己綁縛在轅站外，跪塵埃，恍然似一塊美玉無瑕，嬌花欲語，臉朝霞，唇含碎玉，綠蓬鬆雲鬢，嬌滴滴朱顏，轉秋波無限鍾情，頓歌喉百般嫵媚，乃對那持刀軍士曰：「妾身繫無辜受屈，望將軍少緩須臾，勝造浮屠七級！」那軍士見妲己美貌，已自有幾分憐惜，再加她嬌滴滴地叫了幾聲將軍長將軍短，便把這幾個軍士叫得骨軟筋酥，口呆目瞪，軟癱癱癱作一堆，莫能動履。儘管行刑令下，但眾軍士被妲己迷惑，皆目瞪口呆，手軟不能舉刀。姜子牙命：「將行刑軍士拿下，斬首示眾。」儘管另換了軍士，再至轅門。只見那嬌婦依舊如前，一樣軟軟，又把這些軍士弄得東倒西歪，如癡如醉，誰都下不了手斬這個絕色美人，這等於毀滅一個美好的世界。最後，姜子牙親自上陣，果見妲己千嬌百媚，似玉如花，眾軍士如木雕泥塑。子牙喝退眾士卒，命左右排香案，焚香爐內，取出陸壓所賜葫蘆，放於案上，揭去頂蓋，只見一道白光上升，現出一物，有眉，有眼，有翅，有足，在白光上旋轉。子牙打一躬：「請寶貝轉身！」那寶貝連轉兩三轉，只見妲己頭落在塵埃，血濺滿地。諸侯中尚有憐惜之者。子牙斬

了妲己將首級號令轅門，眾諸侯等無不歡賞。

　　歷史上，把一個王朝政權的滅亡歸咎於一個柔弱女子的身上，經常可見。夏桀時的妹喜，周幽王時的褒姒，商紂王時的妲己，都是屬於這種悲慘的命運，這難以令人苟同。這些尤物充當男人的玩物之後，其夫君行兇作惡，罪惡貫盈的後果仍要她們來承擔，所以萬分無奈而以哀號呼天，告冤枉無辜。這是她們委屈過甚，不願為夫君背黑鍋，當替死鬼。

　　歷史上成者為王、敗者為寇之事歷歷可見。所以，唐太宗時就有人提出皇帝不能閱讀當朝史。此後亦有人呼籲歷史不應由勝利者來寫。因為成事者往往豢養著一批墮落的文人，為其歌功頌德，為無限美化其形象而搖筆。歌頌成者是如何的神機妙算，如何的偉大無邊，為成者諱，為尊者諱，他們是百分之百的正確無比；相反，為寇者是如何的貪婪淫欲、屠殺生靈，腦袋又是如何的笨拙，愚不可及。歷史由他們來篡改，變成一筆胡說八道的糊塗賬。由於歷史與資料的局限，最公正無私的史學家記史，有時也會失之偏頗，更何況那些御用文人，不把歷史攪得成一鍋粥才怪呢！

　　但是，人在做，天在看，歷史總不能讓成事者一手遮天，顛倒黑白，指鹿為馬，信口雌黃。世上總有一批具有良知的文人敢於站出來為歷史說句公道話，把顛倒的歷史撥亂反正，他們豈容青史盡成灰！他們要還歷史的本來面目。他們一身正氣，剛強耿介，剛正不阿，他們要杜天下悠悠之口，不讓以訛傳訛以免貽誤來者。對一個手無權柄、一個柔弱無縛雞之力的女流竟能左右國運的興衰之論，他們不能

苟容。他們在吶喊妲己千古背罵名！

有道魚必先腐也，而後蟲生之。商朝的滅亡完全是商紂作惡多端，民怨沸騰、悲聲載道的結果，完全是多行不義必自斃的結果，紂王咎由自取。異化妲己是周人採取政治攻勢的一招。但歷史往往也對人們開玩笑，謬論重複一萬遍便成真理，眾口鑠金，三人成虎，人言可畏啊！

再說紂王的個性倔強固執，剛愎自用，稟性剛烈，不是任人操縱擺佈的人。所以有蘇氏一族，始終並未因為妲己受寵而行好運，得勢得濟，有揚眉出氣的一天。

劉義慶在《世說新書》中，也引用孔融的話，說周師攻破朝歌以後，妲己亦成為周師的戰利品和周師的輝煌戰果，妲己即為周公擁有，從紂王的寵妃搖身一變成為周公的寵姬。自此以後，對妲己橫加貶責之辭不再「叢生」。妲己前後判若兩人。周公最愛花和月，亦最愛美人。周公抱得美人歸，妲己也恢復了名譽。周人悠悠之口，終被杜絕。

昌明文庫·悅讀文化　A0605009

文史趣錄　中冊

編　　著	葉獻高
責任編輯	蔡雅如
發 行 人	陳滿銘
總 經 理	梁錦興
總 編 輯	陳滿銘
副總編輯	張晏瑞
編 輯 所	萬卷樓圖書股份有限公司
排　　版	菩薩蠻數位文化有限公司
印　　刷	百通科技股份有限公司
封面設計	菩薩蠻數位文化有限公司

出　　版　昌明文化有限公司

桃園市龜山區中原街 32 號

電話 (02)23216565

發　　行　萬卷樓圖書股份有限公司

臺北市羅斯福路二段 41 號 6 樓之 3

電話 (02)23216565

傳真 (02)23218698

電郵 SERVICE@WANJUAN.COM.TW

大陸經銷

廈門外圖臺灣書店有限公司

電郵 JKB188@188.COM

ISBN 978-986-94919-9-0

2017 年 7 月初版

定價：新臺幣 280 元

如何購買本書：

1. 劃撥購書，請透過以下郵政劃撥帳號：

帳號：15624015

戶名：萬卷樓圖書股份有限公司

2. 轉帳購書，請透過以下帳戶

合作金庫銀行　古亭分行

戶名：萬卷樓圖書股份有限公司

帳號：0877717092596

3. 網路購書，請透過萬卷樓網站

網址 WWW.WANJUAN.COM.TW

大量購書，請直接聯繫我們，將有專人為您

服務。客服：(02)23216565 分機 10

如有缺頁、破損或裝訂錯誤，請寄回更換

國家圖書館出版品預行編目資料

文史趣錄 ／ 葉獻高編著. -- 初版. -- 桃園市 ：

昌明文化出版 ；臺北市 ：萬卷樓發行，

2017.07　冊 ；　公分. -- (昌明文庫. 悅讀文

化)

ISBN 978-986-94919-9-0(中冊 ： 平裝). --

1.世界史　2.文化史　3.通俗史話

713　　　　　　　　　　106011172

本著作物經廈門墨客知識產權代理有限公司代理，由廣州中山大學出版社有限公司授

權萬卷樓圖書股份有限公司出版、發行中文繁體字版版權。